手話・言語・コミュニケーション No.5

日本手話研究所 編

巻頭言

特集　手話の歴史

特別寄稿

事務局だより

巻頭言

石狩市手話言語条例が無くなる日を願って

石狩市長　田岡　克介

私が市長に就任して間もない今から十数年前、こんな出来事がありました。市長室開放事業に、石狩聴力障害者協会の方数人の訪問を受けました。声明文を突きつけるかのように一方的に物申す姿は、それまでの困難な道を歩んだ怒りにも似たものでありました。就任間もない私にとって、ただ要請書を受け取り、返す言葉もないほどでした。どうしてここまでの対立関係が生まれたのかはその時知り得ませんでしたが、同席の職員も困惑の表情を表すだけで、あまり語ろうとはしませんでした。この時が協会との初の接点であり、私にとって決して印象の良いものではありませんでした。

それから数年、協会主催の新年会への出席や手話サークルの皆さんとの交流もあって、次第に何に怒り、何に悔しい思いを抱き、共に喜びとすることにも触れることができるようになりました。平成一六年、石狩市で開かれた全道ろうあ者夏季体育大会において、初めて習いたての手話で最後まで挨拶をさせていただきました。当然のことと思っていただけに、会場は腕を伸ばした先にいくつもの花が開き、満開の花々で埋めつくされたのには少々驚きでした。指導いただいた手話通訳者さんは涙を流し、「わかったよ、わかったよ」と次々に手を握ってくれました。心配だったのでしょう、一緒に習った家庭教師役の女房も安堵の表情でした。

「こんなに喜んでもらえるんだ」、逆に考えると「孤独」「差別」の歴史や現実が皆さんにとって、どれだけプレッシャーのかかる日常を過ごしていたのか、あらためて痛感する一日でもありました。

昔、多少言語学に触れたことのある私のＤＮＡでは、手話は言語であって形態模写ではないなという漠然とした想いはありました。市民図書館で幾冊かの本を斜め読みし、ふと思い出したのは「言葉を失うことは民族と文化を消滅させることになる」との学生時代教えを請うた先生の言葉でした。今、私は多様な文化の象徴は言葉にあって、決して孤独ではなく、違いは個性や独創性だと思っています。手話により話し合い理解しえるのだから、言葉そのものであり、ほかの何ものでもないと考え、条例化の可能性について探ってみることにしました。そこから職員との葛藤が始まり、次に地元聴力障害者協会会長、手話サークル関係者、北海道ろうあ連盟副理事長、学識経験者らによる話し合いが始まりました。「手話は言語でないのか」との問いかけに対し何日も何時間も時を重ね、悩み抜き、最終的にはあえて三年後に見直すことを付記した上で、「石狩市手話に関する基本条例」

草案ができあがりました。私が最初に手話条例の可能性を考え始めてから、すでに六年を経過していました。前文が全てを語り尽くすとの思いで、さらにもう一度検討したことを記憶しています。その結果は市議会本会議場で爆発したような歓喜となり、「アイラブユー」で喜びを表現する表情は「愛」に満ちたものでありました。

手話条例ができて、まちの中ではこんな光景が広がっています。「おじいちゃん、感動させてあげるからね！」四歳の孫から突然声をかけられ、次に涙が堰を切ったそうです。「市長、うちの孫は手話で歌いながら踊ったんだよ」。なぜこれほどまでに人の心を揺さぶるのでしょうか。最近、年のせいか涙腺が弱くなっているのはお互いさまとして、それだけではなく、恐らく意外性や孫のやさしさを感じたその心に感きわまったのでしょう。私も嬉しくなったと同時に、言葉はそもそも話し相手の潜在的な感性を呼び覚ます不思議な魂を持っていると思っていただけに、納得できる一場面であります。保育園で教わった手話に、四歳児ながら琴線に触れるものがあったのでしょう。

消防署の職員は手話で任務にあたりたいと全国消防職員意見発表大会で手話発表を行い、今年四月からは地元高校の年間カリキュラムで「手話語」が選択科目になりました。

小学校の総合学習、手話カフェ、手話出前講座、「やさしさの風になろうよ」をテーマとする社会福祉協議会のおまつりや聴力障害者協会や手話サークル・要約筆記等で実行委員会を組織して開催する手話フェスタに、ろう者の方々が大勢参加するようになりました。そのとき会場ではろう者との手話レッスンを行い、少しはにかみながらも手話での会話を楽しんでいるように見えました。

動き出した石狩のこの空気は、時を越え次世代に継承されるでしょう。言葉は習うより慣れろ、時間はかかっても良いと思います。いつの日か「石狩市手話に関する基本条例」が役割を終えることを祈りつつ。

「手話の歴史」について

髙田 英一

1．手話の起源

手話は国際的にはさまざまで、それぞれの国、地域にそれぞれの手話があり、それぞれの歴史があります。日本にも手話の誕生つまり起源があり、そこに始まった日本手話（以下、手話）の歴史があります。

今日にいたるまで、手話に関わる人たちが手話の起源あるいは歴史について、決して少なくない、それぞれの説を表してきました。

『和漢三才図会』（寺島良安により江戸時代中期に編纂された日本最初の百科事典、正徳二《一七一二》年成立、障害者に関する図絵、記述が多くある）にみられる、ぼろを着て椀と箸をもって物乞いをする唖乞食の図絵から、その時代から手話はあったとする説もありました。このような説は身振りと手話を混同していると思います。それゆえ、筆者は手話の歴史を論じるに先だって身振りと手話を区別することに留意しました。

なお、身振りに似た意味のことばとして「しぐさ」があります。身振りは多くの場合、コミュニケーションの対象を意識していますが、しぐさは必ずしもコミュニケーションの対象を意識せず、多少とも無意識的です。そういう点で身振りとしぐさは区別して、以後は身振りを用いることにしました。

身振りと手話を区別する指標については、拙著『手話からみた言語の起源』（文理閣）で具体的に説明しています。この書ではまず身振りと手話を区別すべき理由を説明し、その分水嶺の一つとして語彙を上げています。『新 日本語・手話辞典』に見出し語は一万語を越えています。実際の手話語彙はもっと多いのですが、手話語彙の目安として参考にできます。

他方、身振りについてかなり本格的に単位身振りの数（身振りは言語でないので語彙とはいえない）を示した書籍に『日本の身振り七〇選』（ハミル・アキ著、ＩＢＣパブリッシング、二〇〇九年発行）があります。同書は七〇の単位身振りを紹介しています。手話語彙と単位身振りの数には、一〇、〇〇〇 VS 七〇の差がありその違いは数的に明瞭です。

このように身振りと手話を区別することで、日本における手話の起源は、明治一一年の京都盲唖院の創立と説明することが可能となりました。

盲唖院の創立に大きな功績のあった古河（古川）太四郎（以下、古河）は、ろう教育の開始にあたって彼らろう者同士のコミュニケーションを重視しました。

それは古河が、明治一一年三月に刊行された文部省『教育雑誌』六四号付録（七四頁）に掲載された「京都府下大黒町待賢校《たいけんこう》瘖唖生《いんあせい》教授手順概略」における「教授心得」にある、「手勢法は平常唖の互談する所に注目し其の意を汲み共々物を量り以て鮮議を施行すべし」というところを読めばおおよそ分かります。当時の唖の子どもたち、あるいは大人のほとんどは孤立していました。もともとろう者の数は少なく、お互いに知り合う機会はほとんどなかったことでしょう。それでも、姉弟など身内にろう者が複数いたり、たまたま近所に同じろう者がおれば少数なりともグループで集うことはありました。彼らのコミュニケーションは身振りでした。古河の「教授心得」がいっているのは彼らのコミュニケーションをよく見て、何を話しているか理解につとめ、彼らの身振りと音声日本語（以下、日本語）の語、あるいは文の意味関係を明確にせよ、ということだと思います。今でいうなら「きちんと通訳できるようにせよ」ということになるのでしょう。

つまり身振りを日本語に翻訳して、相互の意味関係を確立、ろう者と健聴者のコミュニケーションができるようにつとめました。先に述べたように、単位身振りの数はわずかなので、そのコミュニケーションの内容は貧しいものだったと思いますが、身振りと日本語の意味関係を確立しようと思い立ったことが、古河の考案しようとした「手勢法」の原点であったのです。

『京都府盲聾教育百年史』（以下『百年史』）によれば、明治五年に盲聾教育の開学を志した古河は、「市中に出かけていって成人聾唖者に手話を学んだことも考えられる」としています。おそらく、聞くことも発語もできない成人ろう者のコミュニケーションの実態を調べたことと思われますが「手話を学んだ」ということはちょっとあり得ないことです。でも、少数のろう者がグループをつくり、身振りでコミュニケーションをしていたことは十分考えられることです。身振りコミュニケーションは歳月の経過と共にメンバーが増え、そのコミュニケーションも身振りとはいえ、単純な意思疎通が可能な程度に発展したことと思われます。古河には恐らく手話か身振りかの区別は付かなかったでしょうが、彼らのコミュニケーションに身振りが重要なことが判断できたと思われます。

それが手勢法の発想につながりました。しかし、身振りと手勢法には決定的な違いがありました。それは、相互に理解し表現できる身振りは、彼らの仲間に通じてもそれは記憶にあるだけです。ところが手勢法は健聴者にも分かるように身振りの表記をこころみたことです。それは当時の教科書を編集した『古川氏盲唖教育法』に記載されています。

表記には二つの方法があって、一つは対象とする日本語を、日本語で身振り動作の説明したことです。たとえば日本語「東」の身振り動作の説明を「日の山より出る方向を示す」と表記し、「夜」は「山に日の入るに形どり手にて両眼を覆ひ空をさぐる」と表記するようなことです。

もう一つの方法は【図1】のように図絵に表すことです。日本語による動作説明と図絵の二つの方法を比較すると、図絵に表すことの方が身振り動作をよりよく表現し、理解するにも容易なことは明らかです。この図絵が手話表記として優れていることから、後年ろうあ連盟は標準的な手話表記の方法として最初に昭和四四（一九六九）年に刊行の『わたしたちの手話』(1)に採用し、

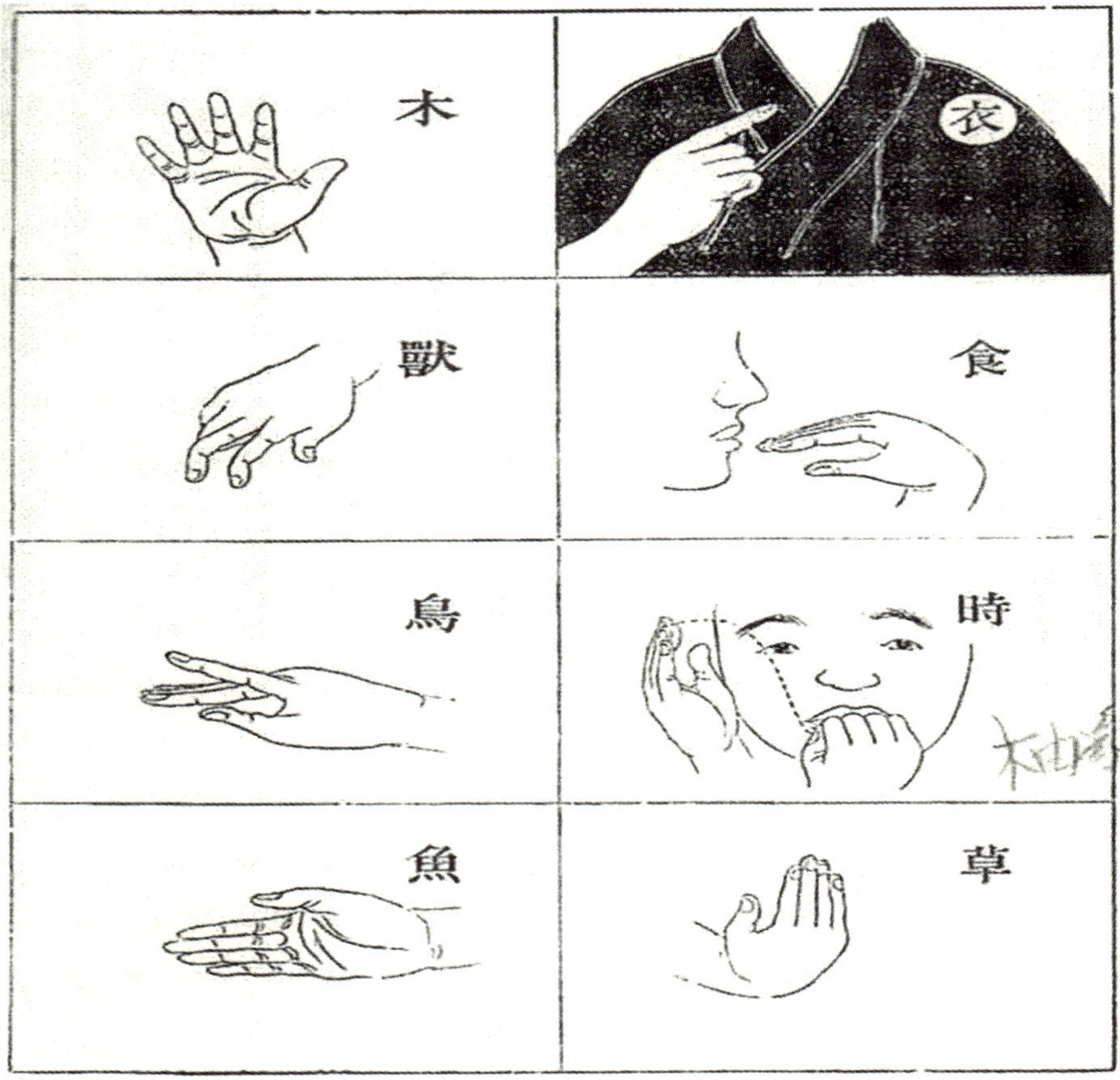

図１　『古川氏盲唖教育法』に掲載された手勢法の図の一部

「手話イラスト」に進化しました。この後、『日本語・手話辞典』など多くの手話関係図書が採用、「手話イラスト」は手話文字として定着しました。

古河による手話図絵の発明はろう者同士の手話の意味理解の共通化、語彙の豊富化、また日本語と手話の意味理解の共通化、日本語と手話の対応関係の明確化につながり、手話は日本の共通言語として発展する道が拓かれたのです。

ろう者は日本の社会、日本の文化、習慣などのうちに日本人として暮らしています。ろう者だけに理解できる身振りコミュニケーションでは、日本社会で暮らすことは困難でした。だからろう者を一方的に健聴者に引き寄せるのでなく、健聴者とも共通のコミュニケーション手段として、ろう者と健聴者の共生の環として手話と手話文字が必要だったのです。

それは音声語表記の方法が、表音文字として定着することで音声が音声語として発展したことと相応します。

2. 明治以前の聴覚障害者（その一）

京都で、社団法人京都府ろうあ協会（現一般社団法人京都府聴覚障害者協会）が「京都ろうあセンター」を創設したのは奇しくも『わたしたちの手話』発刊と重なる昭和四四（一九六九）年のことです。

それまで単にろうあ協会の事務所、ろう者の集いの場所として考えられていた「ろうあ会館」は福岡、熊本などに先行して設置されていました。しかし、当事者組織が単なる事務所、集いの場所を越えて手話通訳者の派遣、養成、ろう者の生活相談などの事業を行政助成を受けて設置したのは「京都ろうあセンター」が初めてでした。

この新しい「センター」の事業実施に結集したのはろう者だけでなく手話通訳者、さらに当時の手話学習者で手話コミュニケーションができる健聴者でした。このろう者と健聴者による協力共同事業は、聴覚障害者に関わる事業の創設と拡大、その実施技術に新機軸を生み出しました。

京都市内など都市部では待っているだけで手話通訳、生活相談依頼は舞い込みますが、周辺部の郡部地方はそうはいきません。そもそも聴覚障害者自身がそういう事業が発足したことを知らないし、「センター」も支援を求める聴覚障害者がどこにいるかも知りません。そこで京都府の助成を得て府内の北部、南部など周辺部で成人講座を開催し、そこで新しいセンター事業を説明し、ともかく未開拓の地での事業の周知と聴覚障害者の掘り起こしに努めました。

そのときにろう者はもちろんですが、重複聴覚障害者やその家族も多く参加され、生活の支援を訴えられました。重複聴覚障害者はろう学校に通学の経験はありますが、卒業後はほとんど行方知れずになっていたのです。成人講座は昔の仲間と再会を果たし、重複聴覚障害者の存在を再認識させ、支援の必要性を実感する貴重な経験となりました。この経験は後に重複聴覚障害者などの生活授産施設として「いこいの村・栗の木寮」の設置に結実しました。

ところが、この成人講座に重複聴覚障害者以外に意外な見知らぬ仲間、今日でいう未就学の聴覚障害者が参加してきたのです。彼らは普通にろう学校に入学しておれば、手話を身に着けて普通のろう者として暮らしてきたことでしょう。

しかし、彼らと初めて会った私たちは、同じ聴覚障害者でありながら手話が全く通じないことにびっくりしました。彼らなりにわずかな身振りは知っており、こちらも身振りでコミュニケーションにつとめ、何とかわかり合えましたが、話しは容易に通じず、深まりません。年齢から判断して、多くは戦前に学齢期に達していたと考えられます。当時の社会、就学猶予の制度や経済的な困難、また親たちがろう学校の存在を知らないなどの悪条件が重なり未就学のまま成人に達していたのです。恐らく家事手伝い、農業手伝いなどを除いて職業についている者はおらず、人とふれあうこともなく、長く孤独な生活を送ってきたことでしょう。彼らは後に建設された「栗の木寮」に入所しましたが、知的障害など他に重複した障害がない場合でも、いくら長い時間を掛けても普通のろう者のような手話を使えるようにはなりませんでした。

この事実は、かつて古河が「ろう者も人間である。ろう者は教育によって人間となる」と教育の必要性を説いた信念と現実に照応します。明治以前の現実は「ろう者は教育を受けていない。したがって人間で」なかった、少なくとも人間として扱われることなく、今の言葉で言えば人間としての権利を認められていなかったのです。

「いこいの村」に入所した彼ら、私たちの新しい仲間となった彼らのコミュニケーション困難は越えがたいものでした。彼らはわずかな身振りで意思を表し、理解できたとしても日本語の発音・読話はもとより、手話すら知らないのでコミュニケーションに苦しみました。それでもそれなりに懸命にその意思を伝えようとし、こちらはそれを理解しようと努力しましたが、ひとり一人の違いはありました。長い時間をかけたのち、私たちと自由にコミュニケーションができた人はわずかでした。いこいの村「栗の木寮」が設置されてから三五年を経過した現在、仲間に囲まれたとはいえ、乏しいコミュニケーションで逝った人たちの寂しさを思うと、切ない気持ちがこみ上げます。

このようなケースだけでなく、昭和四〇年代という、ろう運動の興隆期に会員拡大をめざしたろうあ協会は、わずかな伝手を頼って地域に出かけました。そして、孤立し、隠れているろう者を訪問していく過程でもまた未就学のろう者が探し出されました。

筆者の自宅近くに未就学者同士のろう者夫婦の方が住んでいます。たぶん近くに住む親戚などの援助で結婚し、三人のお子さんを立派に育てましたが、彼ら夫婦は読み書きはもとより手話もできず、わずかに身振りでコミュニケーションができる程度でした。後に夫婦とも協会会員となって、協会の行事に参加するなど行動を共にして親しくなりました。彼ら夫婦は農業中心の生活で筆者の自宅にその四季折々に収穫した野菜などをよく持ってきてくれました。けれども、彼らはついに身振りを手話のレベルに向上させることはできず、話しを深めることはかないませんでした。

このようなことから、ろう学校に入ることもなく、幼いときから仲間とのコミュニケーションがなければ手話を身に付けることはできないことが分かります。

彼らの姿こそ、まさに明治一一年のろう学校創立以前の時代に暮らしていた、ろう者の現実だったのです。ろう学校創立当時、入学の恩恵を受けられたのは入学可能な年齢の子どもたちだったでしょう。その当時、既に成人していたろう者の大多数は、おそらく手話を知ることもなく、コミュニケーションもできず、共に語り合える友人を得る機会、ろうコミュニティに参加する機会もなく、人生が終わっていったことと思われます。

日本を全国的にみれば、手話は京都盲唖院の開設に始まったといえますが、日本各地の事情は同一ではありません。ろう学校は明治一一年から大正末期までの期間に各地で五月雨《さみだれ》式に創立されていきました。だから、各地の手話の起源、その歴史は具体的にはさまざまだろうと思います。

3. 明治以前の聴覚障害者（その二）

手話は明治のろう学校の創立と手勢法を生んだ身振りを重視した教育手法、ろうコミュニティの形成に起源を持ちます。しかし、手話イコール聴覚障害者という連想は、明治のろう学校創立以降の産物です。聴覚障害者は有史以前から存在していたのですが、人間としてのその存在に気づかれることはまれでした。

聴覚障害者というのは出生時点か、あるいは早期に聴覚を失った先天的要因の人たちが多数を占めています。筆者は八歳で失聴しましたが、この年代は音声言語獲得の臨界期とされていますので、このような年齢で失聴した聴覚障害者は基本的に日本語を獲得しています。筆者のろう学校時代の成績はよい方、あえていうなら抜群の成績でした。それは、既に日本語を獲得した子どもとそれを獲得できなかった子どもの差といえますが、筆者のような存在はろう学校では少数派でした。それでもろう学校では、子どもどうしのコミュニケーションは手話だったので、自然と手話を獲得することができて、特に違和感もなく仲良く育つことができました。

当然、明治以前にもこのような形で日本語を獲得した後に、聴覚を失った人たちは存在していました。彼らは相手の話を聞きとれなくても、自らは発語できたので聴力がなくても、発語もできない全くの聴覚障害者と違って、いってみれば有利な存在であったと思います。

補聴器が普及した現在、それを利用してコミュニケーションができるようになった人もいますが、コミュニケーションというのは双方向の対話なので、自分が日本語が話せるとしても相手の発言が聞きとりにくく困ることが多いのです。また、補聴器をつければ聞こえると誤解され、健聴者として扱われますが、聞こえの明瞭度が悪く、聞き違ったり、わからなかったりして、会話がチンプンカンプンになり、ついにコミュニケーションを避けることになってしまいます。その結果、ずいぶん肩身の狭い存在、むしろ自分を消したいような、つらい思いで暮らす人も多いでしょう。高齢社会の現在、聴覚障害者数はずいぶん増えていますが、自らの障害を伝えて理解を求めようという人は少なく、隠そうとしたり、消極的になる人が多いのが現実です。

しかし彼ら難聴・中途失聴者の内から自然と手話が生まれることはなく、手話を知る聴覚障害者や健聴者と会うことによってしか、手話を知ることができません。手話を知り難聴・中途失聴者協会などに参加することで、隠す気持ちも薄れて不十分ながらも、補聴器による会話に筆談や手話を加えて、コミュニケーションに前向きな気持がもてるようになります。

盲聾の儒者として名を成した谷三山（正確には彼は聾であったが唖ではなく、途中弱視を経て後年完全に盲目となる）は幕末の一八〇二（享和二）年に大和八木（奈良県）の豪商の家に生まれ、一一歳の時に失聴、目もよく見えなくなり、四八歳で完全に失明しました。彼は私塾の興譲館を興し、多くの弟子を教え、後に高取藩の学問所で講義するほどになりました（『歴史の中のろうあ者』伊藤政雄著、一六九頁）。彼には吉田松陰と筆談での会見があったとの記録があります。松蔭はその思想の共通性に関心があったのでしょうが、もう一つは彼の聴覚障害の弟、杉敏三郎の面影が去来していたのかもしれません。なお、三山は話せたので筆談は松蔭が行ったと推測されますが、松蔭にとって難儀なことだったでしょう。

また、聾唖（正確には彼は聾であったが唖ではない）の学僧として一八二四（文政七）年に生まれた宇都宮黙霖《もくりん》が知られています。彼は一七歳の時に失聴しましたが、不屈の精神で学問を修め勤王の志士として諸国を回りその思想を説き、投獄もされました。明治維新以後に郷里の長浜に住み、多くの著書を著しました。谷三山と宇都宮黙霖はお互いの面識はなかったようですが、吉田松陰を介して相互の存在を認識していたと思われます（『歴史の中のろうあ者』一七七頁）。

谷三山は明治維新を見ることなく亡くなりましたが、黙霖は二〇一六（明治三〇）年に七〇歳で亡くなっています。谷三山はともかく、黙霖はろう学校の設立を知っていた可能性はありますが、ろう学校や手話についての発言はありません。

彼らは聴覚障害者とはいえ、仲間を知ることも意識することもできなかったのでしょう。聴覚障害者は数少なく、散在しているので孤立して暮らすしかなく、仲間を知ることもなければ、手話コミュニケーションも発達、発展しなかったことは、彼ら偉人とされる人の生涯がよく物語っています。

おそらく彼らの胸中には、限られた健聴者と筆談でしかコミュニケーションができない、聴覚障害者の孤独の想いが渦巻いていたに違いありません。

4. 手勢の発展

現在では手話として理解されても、初期において、誕生したばかりの手話は「手勢」と命名され、その語彙はごくわずかでした。それが後年、言語として認知された手話に発展することなど、当時は夢想だにできなかったことです。

手話が語彙を拡大して言語として発展したのは、それを常時コミュニケーションに使用する継続的な集団、今でいうならろうコミュニティ（ろう者共同体）が、京都盲唖院の卒業生を核として生まれたからです。手話とろうコミュニティは相互促進的に発展していきました。

手勢法はもともと教育手段として生まれたものです。しかし、それが日本語を使えないろう者にとって合理的なコミュニケーション手段であったことから、ろう学校内部はもとより、ろう学校を巣立った卒業生のうちに一層の発展をみることになりました。また、手勢法を教科書に日本語なり、図絵で表記することで、期せずして標準化が図られ、手話の全国的な普及、語彙の豊富化、手話相互あるいは日本語との共通性が推進されました。

まず東京で一八九一（明治二四）年に東京盲唖学校唖生同窓会が発足、京都では盲唖院卒業生よりなる唖生同窓会が、東京の唖生同窓会設立より二年遅れの一八九三（明治二六）年二月一日に設立されました。

その頃より京都盲唖院と東京盲唖学校は、教育方針の一致を目指して定期協議を開始しています。その後、両校の交流は教員間の研究にとどまらず、卒業生のろう教員を中心に在校生の交流にまで発展しました（『百年史』九三頁）。

なお、京都盲唖院卒業生よりなる唖生卒業生は一九〇〇（明治三三）年に尋常科生も準員として加入を認める「聾唖院友会」を結成、一九〇二（明治三五）に機関紙「無聴の友」第一号を発刊しています。

このような東京と京都の活動が一九〇六（明治三九）の第一回全国聾唖教育大会の開催につながり、一九一五（大正四）年の日本聾唖協会誕生の原動力となりました（『百年史』一一八頁）。

京都における最初の卒業生として山口善四郎といとの姉弟、山川為次郎三名の記録がありますが、いとについては「ほとんど史料がないので想像するより他にないが、明治八年多分一五歳であり、古河の指導が本格化する前後に教場を去って家庭に帰ったであろう」（『百年史』一六頁）の記載があります。また、山口善四郎と山川為次郎は卒業後、著名な現在の島津製作所に採用され、模範的工員として高く評価されたということですが、彼らが京都のろう者組織結成に関係したかは現在のところ分かりません。

5. 京都盲唖院は先行的実験校

京都盲唖院は東京とならび先行的実験校としての位置づけがされ、それによって全国に対する影響力が発揮されたようです。全国的に明治一〇年代以降に各地で盲唖院が開校されました。明治一二年には、盲唖学校設立準備中の大阪府との交渉があって教師派遣の要請があり、京都より遠山憲美が派遣されたり、逆に大阪からの参観教師がきています。大阪模範盲唖学校は一二年一一月五日に開校しましたが、一三年に廃校となって、この後に日柳政愬《くさなぎせいそ》によって私立盲唖学校が開設されました。

大阪以外では石川県（一三年）、高知県（一八年）に続いて兵庫・愛媛・和歌山・滋賀・岡山・鹿児島県、北海道函館でも開校され、それらに京都、東京から資料や器械が送られています。明治一〇年代の経済状況は非常に厳しいものがあり、大阪に続いて石川も挫折しています。この根底には、わが国では盲聾教育を可能とする諸条件が成熟していなかったことが大きい（『百年史』

五九頁）といいます。

京都盲唖院以外に全国各地で盲唖児の教育を目的として、明治以前あるいはその初期に学校設立の試みはいろいろありました。しかし、私立あるいは民立の学校から出発し、公立のろう学校として生徒を収容、実質的な開校を果たしたのは京都盲唖院が最初です。こうした初期のろう学校の興廃とは関係なく、ろう学校を巣立った卒業生は最初に同窓会組織を核として、次第に地域的な組織から全国的な組織へと拡大していきました。卒業生の交流、移動は手話発展の歴史と重なり、日本手話の起源ともなりました。

手話はどのような歴史を経て今日のように言語として認められるようになったのか、具体的な歴史を、さらに調査研究すべき課題は多々あります。今回は試行版としてこの小編を執筆しましたが、今後、資料の収集につとめ研鑽を重ね『日本手話の歴史』といえる書物をまとめたいと考えています。

（注1）聾《ろう》、聾者、聴覚障害、聴覚障害者などの用語が混在しています。これらの言葉の意味は同じではありませんが、慣例などで感覚的な使い分けをしています。大雑把に同じ意味に理解して頂ければさいわいです。

長野手話の歴史

日本手話研究所（北信越班研究員・長野県）内田　博幸

1．はじめに

長野県は、本州の中央部、中部地方に位置します。昔の国名は「信濃国《しなののくに》」でしたが、今も「信州」と呼ばれています。長野県の面積は、全国で四番目の大きさです。海に面していなく、標高二〇〇〇～三〇〇〇メートル級の山（北アルプス）が連なっています。八つの県と隣りあい、村の数も多く日本一だそうです。また長野県内は「北信」「東信」「中信」「南信」の地域がありま す。さらに、盆地、川、湖も美しい自然に恵まれ、国宝松本城や名所上高地などがあって毎年多くの観光客が訪れています。

さて、長野県のろう者は手話を言語として、ろう学校や長野県聴覚障害者協会などで活躍しています。

かつて長野県松本ろう学校長の小岩井是非雄先生（ろう者、松本市出身、昭和三年東京聾唖学校師範部卒教師、松本ろう学校創立者、初代校長）、長野県聴力障害者協会長の小平邦幸氏、全日本ろうあ連盟認定手話通訳者の山田眞爽子《まさこ》さんなど偉大な先輩が活躍されていましたので、長野手話の歴史を調査しました。

2．長野県内ろう学校の手話について

長野県内には、ろう学校は東北信地方の「長野県長野ろう学校」と中南信地方「長野県松本ろう学校」の二校があります。

長野ろう学校の創立に先だって、明治三六（一九〇三）年長野尋常小学校に「唖人教育所」が付設され、昭和二三（一九四八）年「長野県長野ろう学校」と改称され現在に至っています。

一方、大正の頃から松本盲学校がありましたが、松本ろう学校はそこに併設されず、昭和三（一九二八）年「松本女子求道会附属聾唖教育所」が創立されました。これは昭和七年に小岩井是非雄氏が創立した私立松本ろうあ学院に引き継がれます。小岩井氏自らが校長を務めるろうあ学院は昭和一〇年私立松本ろうあ学校と改称、昭和二三年に松本市立、二五年に「長野県松本ろう学校」となり現在に至っています。

このような経過で長野ろう学校と松本ろう学校の手話は違うところもあります。

長野ろう学校は創立当初から口話教育でした。しかし長野ろう学校中等部を昭和一六（一九四一）年に卒業した小平邦幸氏（平成二六年八七歳で逝去）は、大阪のろう者ばかりの会社「大阪ダ

イヤモンド㈱」に就職しました。この会社は国もビックリするような身体障害者雇用促進の先駆け会社でした。そこで大阪ろうあ協会などに参加、手話を磨きました。故郷の長野県に戻った小平氏は長野県ろうあ協会会長になって活動されたので大阪の手話が普及したということです。ただし、長野には既に手話がありましたが、それは松本ろう学校の影響が大きかったかと思われます。

なお小平氏の奥様は今も健在で手話に堪能です。彼女は五歳のときに猩紅熱で失聴、当時住んでいた満州（現在は中国東北地方）の大連盲唖学校初等科に昭和一七（一九四二）年入学しましたが、終戦直前に閉校となり、家族と一緒に満鉄職員だった父上の故郷山口県に引き揚げました。大連では著名な吉川金造先生（ろう者、東京盲唖学校・現筑波大学附属聴覚特別支援学校を明治二二（一八八九）年卒、同年唖生尋常科助教採用を経て豊橋聾学校、三重県立聾学校教諭を歴任）の次女艶衣《つやぎ》先生に教わったそうです。そのときの授業は口話が主で、手話はあまり使われず覚えた手話は少しということです。

山口県では、光市立上島田小学校、市立三島中学校、県立光高等学校など普通学校で学びました。今でいうインテグレーションの先駆けでした。授業についていくことは大変だったようですが、お母上の理解と激励、先生方の工夫、一応日本語を話せた彼女自身の才覚と努力によって、まあまあの成績で高校を卒業されたそうです。それまで手話は使う機会はなかったようですが、昭和三〇（一九五五）年に長野市に転入した彼女は、そこで小平氏にめぐり会って手話を知り、間もなく結婚されました。

小平氏は聾唖村長として著名な横尾義智氏（ろう者、新潟県東頸城郡小里村村長など歴任）と親交があり、全日本聾唖連盟理事、北信越聾唖連盟委員長、日本手話研究所研究員ほかとして活躍された人です。

一方、松本ろう学校は当初から職員は全員ろう者で手話教育でした。小岩井先生と山中福代先生（東京聾唖学校教員、宮城盲唖学校教員、松本聾唖学校教頭）がろう教育振興に努め、教え子たちと学校生活を送りました。

小岩井先生のサインネームは

①〈眉毛〉＋〈男〉

②小岩井校長では〈小〉＋〈長〉

〈小〉

〈長〉

山中先生のサインネームは

〈天然パーマ〉（ロンドンの手話と似てます）＋〈女〉

松本聾唖学校第一回卒業生の本間英雄さんは、〈本〉＋〈間〉、長岡たけよさんは〈頬〉＋〈綺麗〉など教え子にもサインネームを考え、使いました。

このような手話は小岩井先生が同じ官立東京聾唖学校で学んだ藤本敏文氏、三浦浩氏、横尾義智氏らとの交流を通じて学んだ手話創作の方法から生まれたと思います。

それから長野県の地名手話は、松本①〈着物〉＋〈袖〉、〈手〉＋〈松葉二本〉、長野〈善光寺〉＋〈屋根〉、諏訪〈湖上〉＋〈噴水〉、安曇〈稲〉などがあります。

〈お盆〉の手話は、東北信地方では〈おぼん〉＋〈都合〉、中南信地方の手話〈貧乏〉となって違いがあります。

松本

長野

3．手話通訳者の山田眞爽子さん

長野県だけでなく、全国的にも活動された手話通訳者の草分け山田眞爽子《まさこ》さんをご存じの方は多いと思います。山田さんの父上は山田欽一氏で明治二〇～三〇年代の生まれで豊橋ろう学校の卒業生、母上平林貞惠氏も父上とほぼ同年代で東京聾唖学校　第二四回（明治四五年三月）卒業生です。山田さんのご両親の卒業校をみると、どちらも手話に堪能なことがうかがわれます。このようなことから、遅くとも明治時代後期には既に長野で東京系と豊橋系の手話が使われていたことが分かります

さて、小岩井校長先生の思い出を山田さんは次のように語っていました。

「私が、手話通訳をするようになったのは小岩井先生にお会いしてからです。終戦前に松本駅前で買い物をしている先生に話しかけられました。先生は『今まで、聞こえる人で手話を使える人に会えなかった。父兄会で、私の話は黒板に書かないといけなかった。手話通訳をしてほしい。今、学校の存続の問題で大変なんだ。助けてくれ』と言われ、私を引っぱっていかれました。当時私はまだ手話は上手ではありませんでした。小岩井先生と一緒に県庁に学校存続の陳情で通訳したことを覚えています。そして、大勢の皆さんと出会えるきっかけを先生が作ってくださったことを本当に感謝しております。同窓会でも、毎年のように通訳をさせていただきました。

小岩井先生は、いつもにこにこされており、子供たちが社会に出て、まっとうな社会生活ができるよう一生懸命ご指導されている姿に心から感動してきました。」

（松本ろう学校同窓会創立五十周年記念事業：座談会の記録より）

熊本手話の歴史

一般財団法人熊本県ろう者福祉協会　常務理事
松永　朗

はじめに

「熊本手話の歴史」をタイトルとし、「熊本県における手話の起源と発展」をテーマとした執筆依頼を受けました。

依頼を受けてから、協会の創立などに関わった先輩などに資料提供を求めましたが、亡くなられた方も多く、思うように資料が集まりません。故人の家族の方々も資料などはほとんど破棄されたりしていました。

熊本聾学校、県立図書館など思いつくところに赴き、資料を調査しましたが、手話についてはほとんど分かりませんでした。

熊本聾学校が一九九二（平成四）年三月一日に刊行した『八〇年誌』を調べると、二〇一七（平成二九）年現在の熊本聾学校は、私立熊本盲唖技芸学校が開校した一九一一（明治四四）年一一月二〇日をもって開校記念日としています。熊本聾学校は一九二四（大正一三）年に盲学校及び聾唖学校令により、熊本盲唖学校として設置認可され、同時に口話法を採用したとの記述があります。ついで大正一五年に熊本県に移管され熊本県立盲唖学校に、一九五三（昭和二八）年四月一日に熊本県立熊本聾学校に改称しました。

しかし、驚いたことにこの『八〇年誌』には、八〇周年記念式典における校長式辞はもちろん、挨拶する来賓に手話の一言もないのです。そればかりでなく当時の聾学校同窓会長、高等部生徒会長の挨拶も手話に触れることはなく、さらに校誌内容にも手話について言及することはありません。わずか式典の準備過程に「手話通訳について検討する。手話通訳について同窓会より招聘する」との記述があるのみです。実際の式典には「会場四カ所の字幕テレビや手話による通訳が行われ聾学校ならではの式典となった」と式典後記での教頭の記述には、手話を無視できなくなった時代の変化が感じとれます。巻末の「回顧雑感」に、元教師と共に一九七一（昭和四六）年の卒業生稙田誠也氏が「創立八〇周年に寄せて」に、「なぜ、これまで言ってこなかったのか、又言えなかったのか……ろう者はみんな手話を使います」と無念の思いを綴っています。一九二八（昭和三）年に日本聾唖協会熊本部会が発足していますから、卒業生を中心に熊本なりの手話が既に普及していたことは、稙田氏に一〇年先だって卒業した私の経験からも明らかです。しかし、これまでの聾学校の公式の態度は徹底的な手話無視といっても差し支えないでしょう。

一番頼りにしていた校誌すらこのような状態でろうあ協会、ろう者個人の資料も散逸しているようですから、資料などの物証を収集することが先決だと実感しました。そこで、もっぱら自らの体験に基づいた記述が中心になりますがご容赦下さい。

1. 手話との出会い

私は昭和一九（一九四四）年四月、母の話によると脳膜炎で失聴したと言われていました。その後、地域の普通の小学校に入学して三年まで行き、昭和二二（一九四七）年一一月熊本聾学校に転入学したときが、手話との出会いでした。転校する前に、父から「今までの学校とは違い生徒はみんな耳が聞こえない人ばかりだから仲よく勉強できるはず」と言っていましたので、なんのためらいもなく、期待していたところ目に飛び込んできたのが「手話」でした。ろう学校で手話が普及していたのですから、熊本には既にろうコミュニティがあり、手話が言語として使われていたことは明らかです。

本誌『手話・言語・コミュニケーション』第四号の巻頭言で松本晶行氏が、「聾学校は小学部一年生の口話クラス。新しいスタートなので一年生からという話でしたが、翌年は三年生、翌々年は五年生と『飛び級』で進級し、五年生で元通りの計算になっています」と述べられていますが、私もこうした経験をした一人でした。

ろう学校に入学して、小学校六年生まで、福岡県と熊本県の境界近くの荒尾から汽車で通学していました。列車の中に同じ方向から通うろう学校の上級生の集団がいましたが、気が付いたのは手話がわからない者は仲間外れにされるということです。手話に対して上級生には学校向けとろう者同士内向けの態度に、正反対ともいえる姿勢があったことを物語っています。そこで、私も毎日たった三分で終わる口話の訓練に従順に従う振りをしながら、同級生らとの手話コミュニケーションに関心を集中させ、手話を覚えていきました。

2. 手話の獲得

中学部になるころ、父から「ろう学校の寄宿舎に入れ」といわれて、これまでの荒尾からの汽車通学はやめて寄宿舎生になりました。おかげで、口話口話でうるさい教室とは違い、寄宿舎というよい環境で思う存分手話コミュニケーションが楽しめました。

寄宿舎では、手話というより、目に見えたものを身振りで表すコミュニケーションがよく見られました。例えば、日曜日になるとなにかの口実を作り寄宿舎を抜け出し、映画をはしごして戻ります。その夜に、見てきた映画の気に入った場面を、手話に加えて身振りでも巧妙かつ面白く、場面そっくりに再現した話に花が咲くことがよく見られました。

七歳まで聞こえた者として、手話はまだ未熟な私には、これが魅力的に見えて、ますます手話に染まっていきました。

当時は口話法教育一辺倒でしたが、これが実は日本語習得の妨げになっていました。一方、洋画ではセリフが字幕で表現されていましたから、これで文字にもなれて、映画の場面が言わんとしていることを理解できるほどに、日本語能力が向上したと思います。

当時封切された映画にジョン・フォード監督、ジョン・ウェイン主演の「駅馬車」があります。西部劇の名作として名高い映画なので、内容をご存知の方も多いかと思います。当時はインディアンと呼ばれていたアメリカ先住民を悪者として描く攻防戦はなじめませんが、たまたま駅馬車という狭い環境に押し込まれた、さまざまの人たちが織り成す人間模様が大変面白かったのです。最後のスリリングな決闘場面まで、人間らしさとは何かわかりやすく描かれていました。私たちはこのような映画を観た後で、手話で話し合うことも大きな楽しみでした。

字幕があれば、その映画の言わんとしていることを理解する能力を、ろう者たちはちゃんと持っていたのです。このような経験を通じて、ろう者たちは手話を育くみ、コミュニケーション能力を向上させていったのだと思います。

私のろう学校在籍は、昭和二二年から三一年の九年間です。この時期は、テレビはあっても現在のようなカラーではなく黒白画面で、パソコンやスマホに携帯電話もなかった時代、ろう者にとっての楽しみといえば、数は少ないがスーパーインポーズのテレビ洋画でした。

このように映画は手話を発展させたひとつの要素でした。西部劇は壮絶な決闘の場面が売りでしたので、拳銃の形を左右の指先で作りそれを向き合わせることで〈決闘〉の手話が生まれました。〈決闘〉は拳銃に限らず鉄砲や剣でもあり得るのですが、西部劇が〈決闘〉手話の決め手になったのです。

映画がなかった時代の先輩たちが、歌舞伎や芝居からヒントを得て創ったと思われる手話がありました。〈吉良〉という手話は、忠臣蔵の松の廊下で浅野内匠頭から切りつけられた額の傷を表したり、弁慶が花道を駆けるラストシーンで〈弁慶〉を表すなどします。白波五人男の弁天小僧が女に化けて脅す仕方を〈脅し〉とする、面白い手話を見せられたことがあります。

このようなことを考えると、ろう学校は教室で手話を教えなくても、生徒たちは芝居、それに映画で、観る楽しみと共に手話を創作して、その普及につとめたのです。

3. ろう学校での手話

ろう学校在籍中は、指文字を見ることがなく、学外で先輩からはじめて指文字を教わり指文字の存在を知りました。この先輩のお陰で、指文字を使えるようになりましたが、当時指文字ができる生徒はいなかったので、ろう学校在籍中は宝の持ち腐れで一度も使うことなく終わりました。

ろう学校を終戦以前に卒業した先輩に聞くと、確かに指文字の印刷物を見たことがあると言っていましたが、使うことはなかったそうです。しかし、手話奉仕員養成講座などにろう児を連れて来る親御さんは、小学部の子どもに頻繁に指文字を使うといいます。人工内耳により音声を正確に聞き取るための補助手段として使用していることの影響だと思います。したがって、熊本手話は、人工内耳の普及によっても変わりつつあると言えます。

4．熊本手話の変革（その一）

昭和四四年の『わたしたちの手話』第一巻の発刊後、手話奉仕員養成の手話指導を始めた頃から、熊本の手話は、次第に『わたしたちの手話』に置き換わりはじめたように思います。熊本手話は消滅したわけではありませんが、この傾向は続いています。

例えば、〈おいしい〉という手話は手のひらをほほに二回ほど触れる手話が熊本手話ですが、こぶしを唇の下のところを左から右に動かす標準手話を使う人が増えました。

また〈お金を蓄える〉の熊本手話は、〈お金〉＋〈蓄える（左右の人指ゆびと中ゆびで「井」の形を作り上に動かす方式）〉の複合手話でしたが、今は腕を縦にしてその肘に〈お金〉をつけて、あげていく表現に変わりつつあります。

平たく言えば、熊本の先輩たちが培ってきた手話は忘れ去られ、『わたしたちの手話』の標準手話が広がりつつあるということです。時代の流れで変革していくことは仕方のないことですが、熊本県民なら熊本県のろう者が培ってきた手話も大事に活かしてほしいと願っています。

5. 熊本手話の変革（その二）

熊本手話の変革を見るとき、手話習得の環境も見る必要があります。

ろう学校の口話法教育時代でも、先生たちの中にはある程度手話を使っていた先生もいました。しかし、手話はもっぱらろう学校の生徒たちの間で作られ培われてきました。

今は手話の社会性が認められ健聴の方も手話を使うようになって、日本語を話しながら手話でも流暢に話せる健聴者も増えてきています。健聴者との交わりによってろう者たちも健聴者から手話を学び習得できる環境にあります。厳しい口話時代に手話を身に着けて使用してきたろう者たちも、高齢になってきており、彼らの手話を見る機会も少なくなりました。

ここでは、熊本で見られなくなった手話を少し紹介して、その変化の過程をみてみましょう。

〈上手〉

標準手話では〈上手〉は、左手の肘から手の先に向けて右手をあてて斜め下におろします。かつて熊本では、この手話の概念を拡大して使っていました。

熊本の〈上手〉は、〈立て板に水〉のイメージがあり、また「物事が難なくスムーズに運ぶ」意味にも使われていました。

例えば、「これから乗るバスの時間に間に合う」という場合、〈時間に間合う〉部分に〈上手〉が使われていました。また、手持ちのお金が五百円あり、三百五十円くらいの弁当が売られているなら五百円で間に合うでしょう。だから「五百円で大丈夫。買えます」と言うときは〈五百円〉＋〈上手〉＋〈上手（二度繰り返し）〉の手話が使われていました。

〈年齢〉

標準手話では、あご先あたりに数えるように指を折り曲げます。熊本では昔からこのような手話は見た記憶がありません。では〈年齢〉の手話はどうしていたかと言うといくつかあります。

その一、

終戦以前の日本は、正月（一月一日）が来たときに一歳増える制度でした。現在の制度と違って、年が改まると全員一歳増えます。したがって〈お餅＋幾つ〉という表現をしていました。今でも「年齢」を意味する手話が〈お餅＋幾つ〉という表現しか知らないろう者もいます。

その二、

〈生まれ＋幾つ〉の複合手話ですが、下手をすると、〈生んだ子供何人〉と間違われる恐れもありました。

その三、

標準手話の〈年〉を二回繰り返して、〈いくつ〉という指折り手話を加えます。

「一と二」は見る機会もなくなりましたが、ろう者たちは雑談でわざと使う場合があります。

しかし、正式な場面では使うことはありません。

「三」は、時々見かけることもあります。今はほとんど口のところで指折りする標準手話のアレンジ版になっています。

〈遊ぶ〉

標準手話では、左右の人差し指をこめかみのところで前後に数回動かす方法ですが、熊本ではろう学校の砂場で、砂を手に取って遊ぶことから、手の平を上下にあわせて少し離して球をぐるぐると回す手話でした。例えば、野球の今で言うショートは昔「遊撃手」と言っていましたから、頭文字の「遊」をとって〈遊ぶ〉を見せてゴロをすくい揚げる表現でした。今もソフトボールをする選手も使っているようです。

また会話でも「子どもが近くの公園で遊んでいる」というときの〈遊び〉にも、また「いつか昼過ぎ遊びに行くね」というときの〈遊び〉などに使われていました。

こうした手話は、女性の間によく見られましたが、最近はあまり見かけなくなりました。

ちなみに、伝統的な熊本手話を残そうと、熊本手話のＤＶＤを作り販売していますが、こうした〈遊び〉の手話はないといわれたり、野球でショートをいうときに〈遊び〉を使って文句を言われて困ったことがあります。

〈失敗〉

女性の間に見られた手話ですが、〈手の平を顎に当てる〉表現です。料理に失敗したとき手話がわからない人にも自然に見せる「あらっ」というしぐさをそのまま模倣した手話です。

今は〈左手の甲の上に右手のこぶしをあて、パッと広げる〉表現になっていますが、熊本には〈手の平を顎に当てる〉表現が普通でした。

6．熊本地名の手話

熊本には、特に熊本市内の町を示す手話がありました。しかし、今はなぜか特別な所を除き見ることもなくなったものがあるので、ほんの一部ですが紹介します。

(1)「連台寺」

ＪＲ熊本駅の近くにある地域です。「れんたいじ」と言います。ＪＲ熊本駅は「春日《かすが》」と言う地域ですが、この隣の隣が「連台寺」です。手話は、〈左右の人差し指の先を曲げた形で荷物を担ぎあげる〉表現です。この「連台寺」には、昔、貨物列車の発着場があり、毎日、貨物列車から人力で荷を下ろし、リヤカーや馬車に積み換えて一斉に目的地に出かける場所でした。それで手話は〈荷を担ぐ〉表現になっています。しかし私が社会人になってからこの手話を見たことはありません。今は、昔の面影はなく現代風の店舗、レストラン、コンビニが建ち並んでいます。

(2)「出水《いずみ》」

熊本市中央区に「出水」という町があります。また、九州新幹線熊本駅から鹿児島中央駅の間にも「出水」という駅があります。読み方は同じでも手話は違います。

まず、熊本市の「出水」は、昔　出水小学校があり、その男子制服の袖に白い線を入れていたため、手話は袖に〈白い線〉を描くように表します。この手話は消滅して、今は町の名前を指文字で表すことが多くなりました。その地の小学校等制服や特徴を借りて表現していた手話は見られなくなってきています。

鹿児島県の「出水」は鶴で有名な場所ですから、手話は「鶴のくちばし」を表しています。

(3)学校を表す手話

一九六九（昭和四四）年までの熊本聾学校は今でいう熊本市中央区水前寺公園にあり、通称「熊工」の熊本県立熊本工業高等学校が水前寺市電停から学校までのコース途上にありました。行き帰りも生徒達が合流しますが、この熊工はかっての巨人の有名な川上哲治選手の出身校でもあります。「熊工」は昔、詰襟の制服の袖に二本線を入れて、この二本線を結ぶように縦に一本線が入って「工」の意味をあらわしていました。このことから、手話では袖先のちょっと上（具体的には袖先から十センチほど上の方）で〈横に二本線を表し、真ん中付近で縦に一本線を表す〉〈熊工〉を表していましたが、最近はあまり見られなくなり、〈熊〉＋〈作る〉で表す手話になっています。

(4)階級の手話

昭和の三〇年代の初めころまで、兵隊の階級を表す手話がありました。元帥・大将・中佐・少尉・二等兵などがあります。ろう学校の中学部に上がり野球部に入部したころ、先輩から〈お前は二等兵だから球拾いしろ〉と言われたことがあります。また、新人を〈二等兵〉といっていた時期がありました。手話は詰襟のところに〈赤いのを貼る〉で表していました。

このような手話は、昭和三五年頃までの卒業生に見られました。私の同級生の間では、紳士服仕立て職について一年がたったころ〈やっと一等兵になった〉と話し合ったものです。

番外編　口の形「ぱ・ぴ・ぷ・ぺ・ぽ」の活用

手話とはいえませんが、手話と同時に「ぱ・ぴ・ぷ・ぺ・ぽ」を活用したものがありました。どんなときに使うかといえば、基本的には次の通りです。

「ぱ」は〈終えてから〉というときに使います。例えば、〈仕事を終えてから行く〉というときは〈仕事＋終わり＋から＋行く〉で〈終わり〉の表現と同時に「ぱ」発音の口形をします。

今も各地で〈終えた〉という場合、〈済む〉と開いた両手の指さきを下におろすのと同じ意味があります。

「ぴ」は〈行かない〉とか〈食べない〉とか拒否するときに使います。

Q〈寿司たべない？〉と聞かれて、A〈食べない〉〈いや　結構〉というときは〈飽きる〉手話を出さなくても、「ぴ」というだけで通じます。

説明が長くなるので、「ぷ・ぺ」は省き「ぽ」だけにしますが、〈終わり〉の手話と一緒にして〈終わり・完了〉の意味を強調します。こうした手話も最近あまり見かけなくなりました。

7. 結びにかえて

これまで述べてきた熊本手話の歴史の話は、資料に基づくというより、私の経験、感じたことを述べましたので、十分整理されていませんが、ここでまとめたいと思います。

日本の手話は、明治一一（一八七八）年五月、京都にできた「盲唖院」創設からと言われています。これはろう教育の場にろう児が集まり、後のろう者たち、聞えない者同士がコミュニケート手段として自然に培われてきた手話と思います。

この見方に間違いがなければ、熊本の手話も、熊本聾学校が創設された明治四四（一九一一）年一一月二〇日以降に生まれたと思います。

開校当初、口話教育が行われる前までは、先生方もろう児とのコミュニケーションに手振り身振りも加えた手話をしていたと見ています。ろう児が学校生活の年月の経験を積み重ねてことばを知り、決まった形として手話を作りだし、それが成人ろう者によって発展したものと思います。

口話教育が徹底されてからは手話は厳しく禁じられましたが、ろう児者たちは手話を守り育てて使い、ろう学校で身に着けた手話を、卒業後も社会生活の場でも使い続けました。

終戦直後に先輩たちが〈自由党〉〈社会党〉〈共産党〉などの政党を表す手話を使っていたのを

見たことがあります。また〈首相〉〈幹事長〉〈質疑〉等の手話もありました。このことを考えると社会に出たろう者たちも当時の新しい手話を生み出していたのでしょう。

しかし、ろう学校の手話には、音声日本語の意味、漢字の形、歴史的事実などをうまく生かした手話、たとえば〈常識・道徳〉〈高等〉〈軍人〉などが含まれていたと思います。こうした手話を使うろう者も高齢になり、使う人は減少してきています。

代わりに『わたしたちの手話』、手話奉仕員・通訳養成講座に参加した健聴者の影響で、次第に単語や文に日本語化した手話、あるいは手話化した日本語が広がってきているように思います。これは手話単語とともに文法も指導するようになっていますが、これはろう者が手話で日本語の意味が理解できるようになったという点で大切だと思います。

また、補聴器や人工内耳装填により、ろう児もある程度音声が聞き取れるようになって、音声語を駆使して話すろう児者も増えました。この影響で手話文法によるより、音声語文法に従った手話をするろう児が増えてきています。つまり、身振り的な手話から音声語的な手話へと向かっているのが熊本手話の現状と思います。

しかし、地名手話で分かるように、それには当時の状況や歴史的背景も含まれ、昔の面影が遺されているので、音声語では味わえない手話の良さ、醍醐味を感じます。

無からスタートして熊本聾学校の先人たちが培ったよき手話は、一つの偉業なので、正直、大事に残したいと思っています。

『手話・言語・コミュニケーション』第４号（一一三〜一五三ページ掲載）

「ろう学校教員養成課程の提案」補足

本誌第４号掲載の「表題」の論稿について補足説明します。

１．一三七頁　一七行目（最終行）の「Ｔ２」

Ｔ２は、二番目（サブ）の先生ということです。Ｔ１が一番目（メイン）の先生で、Ｔ１とＴ２が協力してティームティーチングをすることになります。

２．一四八頁　五行目の「修正手話」

例えば、数字の８を表すとき、薬指が伸ばしにくい人は、薬指を折り曲げて、代わりに小指を伸ばして表すように、器質的・機能的に問題があって、通常の手話が表出しにくい場合に使う「修正を加えた手話」という意味です。

３．放送大学

本稿では直接言及していませんが、放送大学では「知的障害」と「肢体不自由」は特別支援学校教員免許が取得でき、一五〇〇〇人が受講しているとのことです。放送大学としては、受講者が何人いるかが関心事で、「聴覚障害」で言えば、全国の聴覚特別支援学校教員、三七〇〇人のうち、免許未保有者が五〇％で一八〇〇人が対象になります。また、今年（二〇一七）度、全国の県教委等の認定講習（聴覚障害）定員が約三〇〇〇人として、これらも対象となります。数的には充分だと思われます。

そこで聴覚特別支援学校教員免許取得の枠を設けるように、放送大学の広瀬洋子先生に相談し、放送大学の内部から企画をあげてもらい、また、文科省からの協力が得られるようにしたいと検討しているところです。

ただ、肝心な主任講師について資格のある大学教授に就任を打診していますが、多くの先生から多忙を理由に、よい返信が得られないままになっています。

次の学習指導要領改訂まで現役でいること、ろうあ運動に理解ある教員を優先して考えていますが、適格な候補者の少ないことが悩みの種です。

放送大学の看護、保育の科目が、文科省からの要請で、制作されたという経緯がありです。そこで放送大学内部からの計画を示して文部科学省を説得してもらうようにお願いしたいと思います。ただし、企画が通ったとしても、番組放送までは三年かかるそうなので急ぐ必要があります。

（太田富雄）

特別寄稿

「手話言語条例」比較論

群馬大学学生支援センター　二神　麗子

1 「手話言語条例」の近年の動向

二〇一三年一〇月、全国で初めて鳥取県で手話言語条例が制定されてから今日までに、全国九七の自治体で「手話言語条例」(1)が制定されています（二〇一七年三月末現在）。この数年の間に、手話言語条例は少しずつ形を変え、改良が重ねられてきました。つまり、新しく手話言語条例を作ろうとする自治体は、「他の自治体のものとは異なる、特色があって、より良いものを」と考えるため、徐々に良いものになってくるというわけです。そして、内容もさることながら、その成立過程も地域によって様々です。これについては、執行部（首長率いる行政サイドのことを指します）が主となって作ったものが良いとか、議員が提案した方が良いなどと、どちらが良いかどうかは判断できるものではありません。ただ、それぞれの条例でどのような人たちが関わり、どのように作られていくのかを横並びにして整理することで、新たな発見があるかもしれません。

したがって、本稿では、今までに発表されている手話言語条例の成立過程に関する研究を参考にし、近年の動向について言及しようと思います。そのことを踏まえた上で、さらに、条例そのものの内容に関しても比較しようと思います。全日本ろうあ連盟が考案した、いわゆる「モデル案」の条文と、実際に制定された条例の条文を比較し、新たに加えられた知見についても述べます。そうすることで、「モデル案」作成時には明らかになっていなかった「手話」、ひいては「ろう者」を取り巻く現状や課題が見えてくるのではないでしょうか。最後に、まとめとして、今後の「手話言語条例」あるいは「手話言語法」の展望について考えていこうと思います。

1・1 議員側から見た手話言語条例の性質

一般的に「条例」は、地方議会にて審議・成立するため、定例会開催の周期に合わせて制定されます。【図1】は手話言語条例が成立した自治体の数を月別に表示したもので、特に一二月と三月に多く成立していることがわかります。これは、条例の成立を定例会の閉会に合わせることが多いためといえます。そして、「手話言語条例」は年々増加傾向にあることもわかります。

また、手話言語条例は手話通訳派遣などの福祉施策に関係することもあるため、いわゆる政策条例だとも言えます。政策条例は行政サイドから提案されることがほとんどで、議員提案の政策条例はほとんどありませんが、手話言語条例は議員提案の条例が比較的多いようです。例えば、群馬県内では、県も合わせて九カ所の自治体で手話言語条例が成立していますが、そのうち四カ所もの自治体が議員提案です。二〇一五年三月に、神奈川県と群馬県で初めて議員提案の手話言語条例が制定されたことを機に、全国で制定された自治体のうち、およそ一割程度が議員提案の条例となっています。

一般的に、議員提案条例は非常に少なく、制定したとしてもそのほとんどは、議会内のルール等を定める内容に留まり、政策にまで踏み込んだ条例は稀です。ただ、近年は、議員の定数が削減され、地方議員は当選しにくくなってきたこと、そして、インターネット等の発達で議員の活動が容易に公表され、市民ら自身が議員の評価を容易にできるようになったため、議員側も政策に関わるような条例を前向きに作っていかねばならない、「仕組み」になりつつあります（松下・今野・飯村2011）。手話言語条例に議員提案のものが多く見られる理由は、条例のもつ性質にあるようです。すなわち、福祉政策に関与する政策条例でありながら、「手話が言語であることを認める」ことが一番の目的であるため、政策には影響しない、「理念条例」のような性質も有しています。理念条例であれば、議員としても条例を提案しやすく、また、「手話」という福祉的なテー

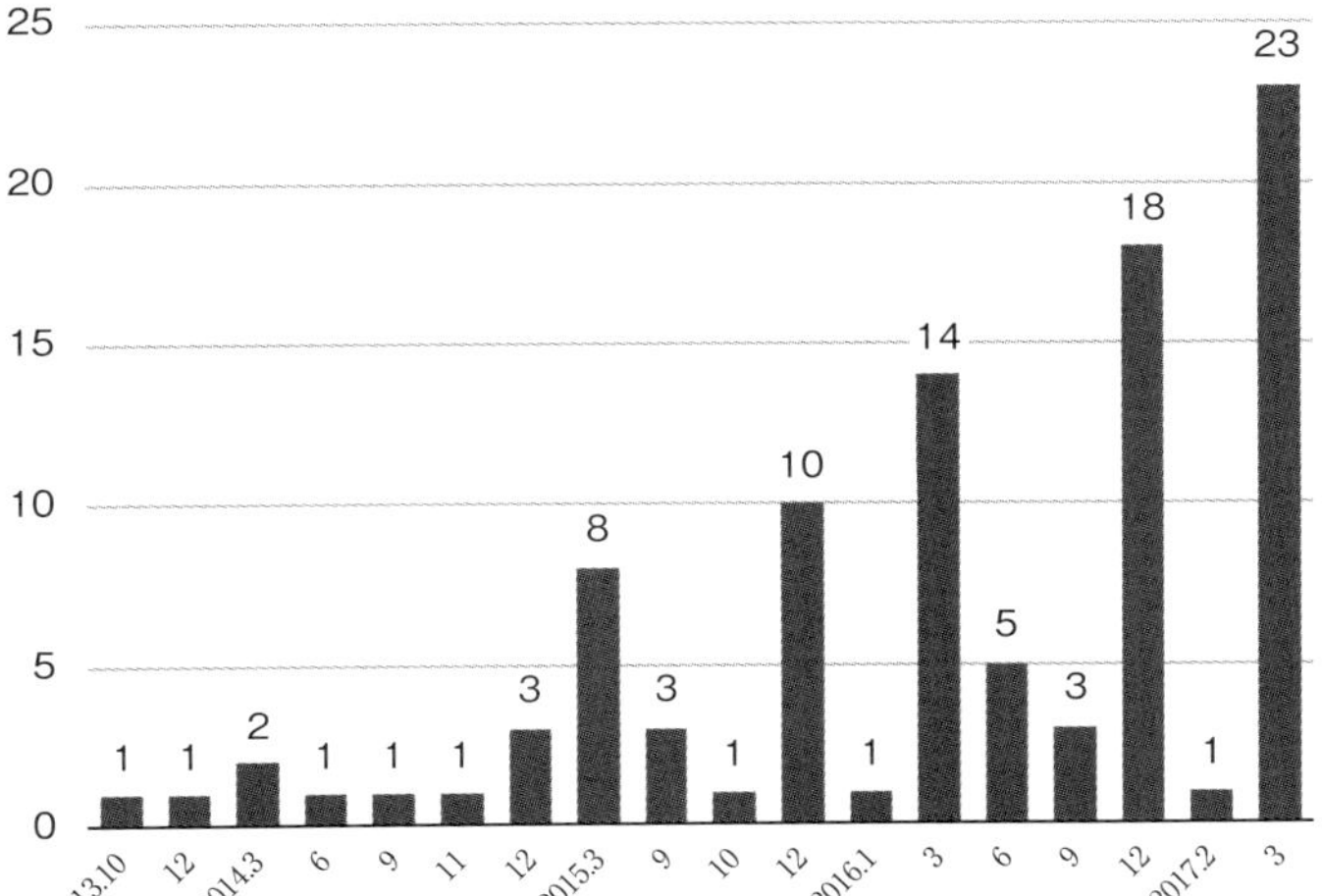

図1．「手話言語条例」制定自治体数（月別）

マを取り扱っているため、議会内では反対されにくい性質を持っています（二神・金澤・任2016a）。このことが、議員提案による手話言語条例の制定数増加につながった理由として考えられます。

2 上程プロセスの動向

手話言語条例の上程プロセス（条例が議会に提出されるまでの過程）には、一定の流行があるようです。つまり、鳥取県や石狩市等の「初期」は、首長を主導とした執行部提案での上程が主流でしたが、神奈川県や群馬県の手話言語条例から見られ始めた議員提案による上程は、「中期」～現在まで続いています。そして、「後期」となる最近では、行政職員らが首長と協力しつつ作成して行くようなパターンが見られ始めています。条例の成立過程を整理することで、今後、条例の制定を目指す際の戦略を考える材料になるかもしれませんので、詳しく見ていこうと思います。手話言語条例の上程プロセスに注目して分類すると、それは【表1】にあるように、五つのパターンに分けられるといえそうです。

表1．手話言語条例上程過程の形式

①	執行部提案Ａ型	首長の協力リーダーシップ
②	議員提案Ａ型	主導する会派の力が強い
③	議員提案Ｂ型	執行部が前向き
④	議員提案Ｃ型	執行部が慎重
⑤	執行部提案Ｂ型	近隣の自治体の後押し

2・1（執行部提案A型）首長の強力なリーダーシップパターン

鳥取県手話言語条例の成立後一年間ほどは、首長のリーダーシップの元で、条例が制定されることが多く見られました。このような場合、条例はスピーディに制定されますが、一方で、首長の思い入れ如何によって、条例が制定されるかどうかが左右されるという不安定な要素もありました（二神2016）。鳥取県知事や北海道石狩市の市長は、かねてから手話に関心があり、手話言語条例制定に強い思い入れがあったそうです。鳥取県は、全国で初めて手話言語条例を制定するということで、行政職員と知事が一丸となって条文案を作っていきました。そして、驚くことに、議会での質問のほとんどすべてを知事自らが答え、非常に細かい、専門的なことにまで踏み込んだ答弁を繰り返していました（金澤2014）。石狩市は福祉政策ではなく、言語政策として条文はシンプルなものにしたことで、執行部内の調整を行い、かつ、他の障害者団体と摩擦が起きないようにしました。石狩市も市長の強い思いがあり、それを反映した条例となっています。

2・2（議員提案A型）主導する会派の力が強いパターン

二〇一五年三月以降、神奈川県や群馬県を皮切りに、議員提案条例は徐々にその数を増やしています。一般的に制定困難と言われる議員提案の政策条例ですが、先述した手話言語条例の持つ特性から、政策条例を制定したいと思っている議員らにとっては、着手しやすいものであったのではないでしょうか。ただし、議員提案条例を上程しようとすると、行政側との共通理解を図っていくこともさることながら、より重要になってくるのは、議会内のパワーバランスです。最も条例を制定しやすいのは、条例制定の「旗振り役」となる党派あるいは会派だけで全議員の過半数を占めている場合です。この場合ですと、会派内で意思統一ができさえすれば、条例は議会で可決されるからです。例えば、群馬県の場合、与党第一党だけで議員総数の過半数を占めていたため、主として作成したのは与党側で、条例を成立させること自体は難しくありませんでした（ただし、実際は全会一致で可決されました）。また、群馬県の場合、ろう者団体の顧問として数名の議員に協力してもらっていたことなど、長年に渡って与党の議員らと良い関係が続いていたため、議員とろう者団体との間には、既に、信頼関係が構築されていました。このことも影響し、条例が成立しやすいだけでなく、条文案を作成する段階から、ろう者が関与することができたといえるでしょう。

2・3（議員提案B型）執行部が前向きパターン

次に紹介するのは、群馬県前橋市で見られた形です。前橋市の場合は、まず市長に条例制定に向けた前向きな姿勢が見られたものの、執行部側で条例を作り上げて行くには時間がかかってしまい、制定は難しい状況でした。なぜかというと、障害福祉課が主導となって手話言語条例を策定しようとすると、他の障害者団体との調整も必要になるからです。そのため、条例制定に時間がかかって、場合によっては、「手話」だけに特化した条例そのものの策定が困難になってしまう恐れがありました(2)。そういった事情もあって、先に議員側で手話言語条例の検討を始めました。議員側は、行政とは異なり、他の障害者団体と調整する責務は生じません。したがって、他の障害者団体から、情報コミュニケーション条例のようなものを作ってほしいという要望が出た場合は、議員側も行政側も「それは別途検討する」という説明ができるのです。「議会内の改革を進めるために政策条例を議員提案で策定したい」という議員側と、福祉政策全般のことを考えなければならない行政側、そして手話言語に特化した条例を作って欲しい当事者側の、それぞれの目標・思惑が混在する中で、手話言語条例の制定そのものが、「通過点」として機能したパターンでした（二神・金澤 2016a）。

2・4（議員提案C型）執行部が慎重なパターン

次に、執行部側が条例作成に慎重で、なおかつ議会内は少数会派が乱立しているような状況であったにも関わらず、手話言語条例の制定が可能になったパターンを紹介します。これは、埼玉県熊谷市で見られた形で、これまでの議員提案条例の成立過程と比較しても、条例制定のための必要条件（主導する会派が最大会派であること、執行部と協力できる体制であること）が揃っていませんでした。しかし、最終的には全会一致で可決された、珍しい形だといえます。熊谷市議会は少数会派が乱立していたため、まず、各会派から一〜二名ずつ議員を集めて「検討会」を発足し、手話言語条例案について検討するという形になりました。ただし、「条例制定ありき」から始まった検討会ではなく、条例化の必要性から検討を始めたものでした。加えて、検討会座長は最大会派に所属していたわけではなく、検討会は一期目の若手議員が半数を占める構成だったため、条例が実際に制定されるかどうかは最後まで分からない状況でした。さらに、当時の行政側の見解として、埼玉県の手話言語条例がすでに制定・施行されているため、市の条例を策定する積極的理由がないと、条例制定には慎重な姿勢を示していました。しかし、その検討会に若手議員が多く集まったことが、意外にも良い作用を作り出しました。すなわち、一期目の彼らにとっては、経験が無い分、一から勉強しながら作り上げていくというアグレッシブなパワーがあったのです。それが検討会での積極性につながり、また、若手議員が条例を作成していくことについて、各会派の先輩議員らは「勉強のためになる」と応援した形になりました。さらに、最終的には、全ての議員の名前で上程したことで、議会内の調整がスムーズにできたといえます。金井（2011）が述べているように、「議員同士の足の引っ張り合い」なるものが仮に議会内であったとすれば、もしも検討会のメンバー（半数が若手議員）だけで上程してしまっていたら、議員間の統制が取れなくなった可能性もあります。しかし、熊谷市では、過去に全議員の連名で意見書等を議会に提出した前例があったことで、全議員名で上程することが可能になり、議会内の調整ができたようです。

2・5（執行部提案B型）近隣の自治体の後押しパターン

最後は、最近見られ始めた執行部提案のパターンです。「初期」のように首長自身が手話ができるなど、手話に関する思い入れが特別に強い訳でもなく、条例が策定されたパターンです。それらを見ていくと、近隣の自治体で条例が制定されると、その前例が後押しになり、条例制定に結びつきやすくなったといえそうです。似たようなパターンは、今後もっと増えてくると思います。群馬県の様子を見てみますと、まず県で手話言語条例ができた後、県庁所在地の前橋市で制定されました。その後、渋川市や、中之条町といった、人口が多くはない自治体でも条例が制定され始め、昨年度末までに県内で三五の自治体のうち、八の自治体で制定されました（全体のおよそ二三％）。北海道や兵庫県でも同様に、市町村での制定が軒並み増えていることを加味すると、同一県内の自治体は「横」の動きを見て、「あの市が作ったのなら、自分たちのところでも作ることができる」と、比較的スムーズに条例を策定することができるようです。

このように、この数年間で手話言語条例の成立過程を見ると、条例制定に必要な条件は変化しています。熊谷市のように、たとえ条例制定に必要な条件が揃っていないように見えたとしても、条例が制定できたという前例さえもあります。これからの数年間で、条例を制定する自治体はますます増えていくと思います。「手話言語法」なる法律ができるのが先か、四七都道府県全てで「手話言語条例」ができるのが先か、今後の動きが楽しみです。

3　内容に関する傾向

次に、手話言語条例の条文の内容について触れようと思います。全日本ろうあ連盟が二〇一四年に発表したいわゆる「モデル案」と比較し、二〇一四年当時は想定されていませんでしたが、各地の条例で盛り込まれたものを取り上げて詳しく見ていきます。大まかには、【表2】で示したような内容が新たに加えられた知見とします。

3・1 手話が剥奪《はくだつ》・差別されてきた「歴史」の詳細を記す

「モデル案」の都道府県版には、前文は記載されていませんでしたが、全国初の条例となった鳥取県手話言語条例では、非常に長い前文が組み込まれました。

特に、世界的に口話教育が主流になるきっかけとなった、明治一三年のミラノ会議での決議をはじめ、日本においても長い間、ろう教育の中で手話が否定され、その使用が禁止されてきた歴史の部分は、年代に至るまで細かく記載されています（表3参照）。この部分は、聴覚障害、ろう者や手話のことをあまりよく知らない人にとっては、非常にショッキングな内容だったのではないかと思います。

私自身、大学で社会福祉を学び始めてから、この事実を知り、大きな衝撃を受けたことを覚えています。またそのことは、「手話を言語として認めて欲しい」「日本語と同等に扱って欲しい」という、手話に関する法制度の整備を求めるろう運動の原動力にもなっているといえそうです。長い間、手話の言語権が損なわれ、不当に扱われてきたろう者の「誇り」を取り戻すためにも、過去の負

表2. 手話言語条例の条文に関する傾向

①	鳥取県　等	前文にて、ろう教育で手話が否定されてきた史実に触れる
②	群馬県　等	ろう教育における手話の扱いに関する言及（都道府県の権限を活用）
③	福島県郡山市、群馬県前橋市　等	防災や医療に関する内容への広がり（市町村の権限を活用）
④	福島県郡山市、千葉県　等	要約筆記、盲ろう者の触手話等の聴覚障害に関係する情報アクセシビリティに関する内容への広がり
⑤	大阪府等	「障害者差別解消法」とは重ならない、言語政策に関する内容への焦点化

の歴史を史実に忠実に、正確に記すことで、ろう者の悲願に応えることができた部分もあるようです。

３・２・１　教育に関する「守備範囲」に適した内容（都道府県の場合）

次に見られ始めたのは、ろう教育における手話の扱いに関する事項です。前述した「前文」の内容と重なりますが、教育に関する事項をどのように扱うかは、手話言語条例を語る上で外せない事項となっています。教育制度については、人口規模によってその「守備範囲」が異なるため、自治体によって規定できる内容が異なります。すなわち、都道府県立のろう学校におけるろう教育を対象とするなら、都道府県の条例を作る必要がありますし、市町村立の小中学校を対象とするなら、手話の普及をしたり、インテグレーションしている難聴児に対する支援をしたりするような内容で、市町村の条例を作る必要があります。ただし、市町村の条例を見ていくときに気をつけなければならないのは、市町村立の

表３．鳥取県手話言語条例の前文（一部抜粋）

> わが国の手話は、明治時代に始まり、ろう者の間で大切に受け継がれ、発展してきた。ところが、明治13年にイタリアのミラノで開催された国際会議において、ろう教育では読唇と発声訓練を中心とする口話法を教えることが決議された。それを受けて、わが国でもろう教育では口話法が用いられるようになり、昭和８年にはろう学校での手話の使用が事実上禁止されるに至った。これにより、ろう者は口話法を押し付けられることになり、ろう者の尊厳は著しく傷付けられてしまった。
>
> その後、平成18年に国際連合総会で採択された障害者の権利に関する条約では、言語には手話その他の非音声言語を含むことが明記され、憲法や法律に手話を規定する国が増えている。また、明治13年の決議も、平成22年にカナダのバンクーバーで開催された国際会議で撤廃されており、ろう者が手話を大切にしているとの認識は広まりつつある。
>
> しかし、わが国は、障害者の権利に関する条約を未だ批准しておらず、手話に対する理解も不十分である。そして、手話を理解する人が少なく、ろう者が情報を入手したり、ろう者以外の者と意思疎通を図ることが容易ではないことが、日常生活、社会生活を送る上での苦労やろう者に対する偏見の原因となっている。

小・中学校の設置者は各市町村になりますが、その教員の人事権は、都道府県教育委員会にあるということです（政令指定都市、一部の中核市を除く）。例えば、市町村立の学校に手話の技術を持つ専門教員（ろう者を含む）の設置を条例によって求める場合は、市町村ではなく、都道府県の条例でそのことを定める必要があります。ただし、中核市は独自に研修を行う義務があるため、「専門教員の設置」は難しくても、条例の中で「手話の研修」を行うことについて定めることは可能です(3)。政令指定都市で独自に人事権があり、かつろう学校もある自治体（例えば、横浜市など）で、もしも条例が策定されれば、市であってもろう学校内の手話に関する教育について条例で定めることもできます(4)。

ここで、成人ろう者の最も関心を寄せるところの、ろう学校における手話の使用に関する事項に関してですが、このことに深く踏み込んだ条文を初めて盛り込んだのは群馬県の手話言語条例でした。実は、群馬県内唯一のろう学校では、条例が制定される前まで、幼稚部に手話を導入していない現状がありました(5)。幼稚部の指導中において教師が手話を使用していない学校は、一九九七年には全体の七割だったのが、二〇〇七年にはわずか五％にまで減少していました（我妻2008）。群馬のろう学校は、幼稚部で手話を導入していない少数派の五％に入っていることが、議員らの心を揺さぶり、条例の制定に繋がっていきました（二神・金澤2016b）。こういった経緯があったために、群馬県手話言語条例の第一二条3項の「乳幼児期からの手話の教育環境を整備」するという部分については、議員や当事者団体にとって、特に譲れない部分でした。そのため、執行に影響がある内容を条例で細かく規定して欲しくない行政側（障害政策課や教育委員会）とのやりとりを何度も重ねることとなりました。例えば、当初の条文案では、「乳幼児期から手話を獲得」という直接的な文章でしたが、行政側から「乳児が手話を獲得することは現実的に難しい」といった旨の意見が出されたため、「乳幼児期からの手話の教育環境を整備」するという文言に変更するような交渉があったようです。言語はその

表４．教育に関する条文の比較（都道府県モデル案／鳥取県／群馬県）

都道府県モデル案	（学校における手話の普及）第 12 条 聴覚障害者である幼児，児童又は生徒（以下「ろう児等」という）が通学する学校の 設置者は、手話を学び、かつ、手話で学ぶことができるよう、教職員の手話の習得及び習得 した手話に関する技術の向上のために必要な措置を講ずるものとする。 ２ ろう児等が通学する学校の設置者は、この条例の目的及び手話の意義に対する理解を深め るため、ろう児等及びその保護者に対する学習の機会の提供並びに教育に関する相談及び支援 等に関する措置を講ずるものとする。 ３ 県は、この条例の目的及び手話の意義に対する理解を深めるため、学校教育で利用できる 手引書の作成その他の措置を講ずるものとする。
鳥取県	（学校における手話の普及）第12条 ろう児が通学する学校の設置者は、手話を学び、かつ、手話で学ぶことができるよ う、教職員の手話に関する技術を向上させるために必要な措置を講ずるよう努めるものと する。 ２ ろう児が通学する学校の設置者は、基本理念及び手話に対する理解を深めるため、ろう 児及びその保護者に対する学習の機会の提供並びに教育に関する相談及び支援に努めるも のとする。 ３ 県は、基本理念及び手話に対する理解を深めるため、学校教育で利用できる手引書の作 成その他の措置を講ずるよう努めるものとする。
群馬県	（学校における手話の普及）第12条 聴覚障害のある幼児、児童又は生徒（以下「ろう児等」という。）が通学する学校の設置者は、ろう児等が手話を獲得し、手話で各教科・領域を学び、かつ手話を学ぶことができるよう、乳幼児期からの手話の教育環境を整備し、教職員の手話に関する技術を向上させるために必要な措置を講ずるよう努めるものとする。 ２ ろう児等が通学する学校の設置者は、この条例の目的及び基本理念に対する理解を深めるために、ろう児等及びその保護者に対する手話に関する学習の機会の提供並びに教育に関する相談及び支援に努めるものとする。 ３ ろう児等が通学する学校の設置者は、前２項に掲げる事項を推進するため、手話に通じたろう者を含む教員の確保及び教員の専門性の向上に関する研修等の措置に努めるものとする。

言語環境の中にいることで獲得されるものですので、文言が変更されたとしても、実質的には、乳幼児期からの手話の導入を実現させるような内容のまま条文が作成されました（二神・金澤・任 2016b）。群馬県手話言語条例第一二条の文章は、その後に続いた他の自治体の条文にも盛り込まれていることから、ろう教育に関する条文としては一応の完成形を見せているのではないでしょうか。この、「手話の獲得」に関する内容は、それぞれ全日本ろうあ連盟が作成した、都道府県のモデル案には記載されていませんが、「手話言語法（仮称）」のモデル案には、手話の獲得に関する記載があります。群馬県の条例によって、国の法律を変えなくとも、手話の獲得に関する条文は作成可能だということが明らかになりました。

3・2・2　教育に関する「守備範囲」に適した内容（市町村の場合）

現在は、新生児聴覚スクリーニング検査や人工内耳・補聴器の技術の目覚ましい「進歩」と、聴覚障害児に限らず、全ての障害児の学びの場として、インクルーシブ教育が推進されている教育制度の中で、手話という少数言語はかつて無い危機にさらされているといっても過言ではありません。

つまり、医療技術の目覚ましい発展を背景として、聴覚障害の子どもたちの中には、音声言語獲得の「成果」が上がっている子どももいます。また、金澤（2016）は、人工内耳の適応年齢の下限が一歳に拡張されたことで、医療機関における聴覚障害の発見、人工内耳手術、病院でリハビリを受けながら地域の幼稚園・保育園に通い、そのまま小学校へ就学していくレールが敷かれるようになってきており、結果的に親が「ろう学校を選ばない」という選択をするため、ろうコミュニティが全く関与できないところで、ろう教育が進んでいくことにつながると述べています。

したがって、今後、ますます聴覚障害児はろう学校ではなく、地域の通常学校に進学することが想定されます。そこで課題となるのが、通常学級にいる聴覚障害児への支援をどのように行い、学習権を保障していくかということです。現行の教育制度では、「支援員制度」があり、クラスの中で障害がある等の理由で、支援が必要な児童に対して専門のスタッフをつけることができます。しかし、担任の先生が支援員を配置したいと思うのは、ほとんどが発達障害の傾向がある児童で、聴覚障害児は放っておかれる可能性があることに留意しなければなりません。なぜなら、発達障害傾向のある児童は、一般的に「落ち着きがない」「一時間じっと座っていることが困難」「自傷・他害がある」など、行動面で課題のある場合が多く、それに比べて聴覚障害児は、先生にとっては、「支援の必要のない子ども」として見られがちだからです。つまり、「だいたいじっと座り続けることができる」、「先生に意見を言うことも少ない」、「障害が外見ではわかりにくい」ため、聴覚障害に起因する諸々の問題は教員にとっても非常にわかりづらく、顕在化しにくいのです。

筆者の周りにも通常学校へのインテグレーション経験者もいますが、「学校は友達と遊ぶ場所で、授業中はひたすら静かに席に座っている時間。勉強は家に帰ったあと自分でやっていた」と言う人もいました。しかし一方で、通常学校に通いながら、手話通訳による情報保障支援を受けていたという「非常に珍しい」経験をした者もいます。筆者は今、手話による支援を受けて通常学校に通ったことを、「非常に珍しい」と述べましたが、残念ながら、現在もなお、義務教育の現場で手話による支援を受けられる子どもは非常に少ないと言えます。なぜなら、そういった支援を受けるためには、いくつかの条件をクリアしないといけないからです。

一つ目の条件は、教育現場への手話通訳者派遣の許可が降りなければなりません。福祉サービスでの手話通訳者派遣は、教育機関への派遣を想定しておらず、現行の制度のままでは利用することは難しいようです。したがって、手話のできる支援員を複数名設置するか、教育委員会が通訳者を呼ぶための予算を立てる必要があります。

二つ目の条件は、聴覚障害児自身が手話を身につける必要があることです。筆者が勤務する大学には聴覚障害学生が常時、複数名在籍するようになっていますが、小学校から高校までずっと通常学校に通っていたため、手話を知らずに入学してくる学生も少なくありません。そもそも、通常学校に通う子どもは、人工内耳や補聴器を使うなどして、音声言語をある程度理解することができることが多いため（少なくとも通常学校を選択する親のほとんどは）、手話を必要としておらず、したがってろう学校を選択しなかったという人が大半を占めるのではないでしょうか。そのような環境で育った聴覚障害児は、果たしてどこで手話を身

表５．前橋市手話言語条例の教育に関する条文

前橋市	（学校における手話の普及）第10条 市は、学校教育における手話への理解及び手話の普及を図るために必要な 措置を講ずるよう努めるものとする。 ２ 市は、学校において児童、生徒及び教職員に対する手話を学ぶ機会を提供するよ う努めるものとする。 ３ 学校の設置者は、学校において手話を必要とする幼児、児童、生徒又は学生がいる場合に、必要な手話に関する支援を受けられるよう努めるものとする。

につけることができるのでしょうか。

上記のような課題を解決するための一助となるかもしれないのが、群馬県前橋市の手話言語条例です。前橋市手話言語条例の第一〇条三に、「学校の設置者は、学校において手話を必要とする幼児、児童、生徒又は学生がいる場合に、必要な手話に関する支援を受けられるよう努めるものとする」と記載されています。よく見ていくと、「児童・生徒」だけでなく、「幼児」「学生」もその対象としているため、市立の幼稚園や市立の大学等に対しても、手話による支援の提供の努力義務を課していま す。このように通常学校に在籍する聴覚障害児への手話による支援の課題も、ろうあ連盟が「モデル案」を作成した時には想定されていなかったものだと言えそうです。

3・3 防災・医療に関する内容

この次に新しく見られ始めたものが、防災や医療に関する項目です。たとえば、福島県郡山市では、手話言語条例に「災害時の対応」として、第一二条には下記のように記載されています。

> 市は、災害時において、手話を必要とする人に対し、情報の取得及び意思疎通の支援に必要な措置を講ずるものとする。

これは、まさに東日本大震災の被災地である郡山市だからこそ、この条文が出てきたのではないでしょうか。ろう者が避難所に避難しても、そこでの情報は音声アナウンスのみで、気づいた時には炊き出しが終わっていたことなどのエピソードはよく知られていますし、実際に郡山市でもヒアリング等の機会に、ろう者自身から語られた要望だと推測できます。加えて、聴覚障害や手話のできる人は外見ではわからないため、手話通訳者が被災地に行っても、ろう者がどこの避難所にいるのか把握もできなければ、ろう者側も手話通訳者が誰なのかわからないという事態に陥ってしまうというエピソードもよく語られています。東京都のある自治体では、「耳が聞こえません／手話ができます」と印刷されたバンダナが配布され、他の自治体にも少しずつ広まり、似たようなバンダナが作成されているようです。

さらに郡山市では、「医療機関における手話の普及」として、第一〇条には以下のようなことを記載しています。

> 医療機関の開設者は、手話を必要とする人が手話を使用しやすい環境を整備するために、必要な措置を講ずるよう努めるものとする。
>
> 2　市は、医療機関において手話を使用しやすい環境を整備するために手話通訳者を派遣する制度の周知等必要な措置を講ずるよう努めるものとする。（傍線部は筆者による）

第2項には、医療機関に手話通訳者の派遣制度の周知を行うよう努めることが記されています。医療の場面では、なかなか福祉制度の理解がされにくいという状況は聴覚障害に限らず、一般的に珍しいことではありません。手話通訳はろう者が受診する際に市の派遣制度を利用し、同行することが制度上認められていますが、現在でも家族以外の第三者が医療現場に入ってくることを嫌がる医療関係者もゼロではないようです。聴覚障害者以外の例えば、常時介助を必要とする程度の身体障害者にも、病院内での第三者による介助についても壁があるようです。重度と呼ばれる身体障害者は、重度訪問介護という福祉制度を使って、日常生活のあらゆることをヘルパーを利用して行っています。ところが、入院時となると、身辺の世話は原則、看護師が行うことになっているため、慣れているヘルパーが介助に付き添うことができず、重度訪問介護を利用している者は、入院すると非常に不便な生活を強いられるだけではなく、意思疎通もままならず、最悪の場合、死に至る事態が起きる可能性も出てきます。現在は、制度が変更され、入院時も重度訪問介護の制度を使うことができるようになりましたが、医療関係者への周知、理解はまだまだこれからのようです。手話通訳の派遣制度も含め、医療機関への周知は今後の課題であるといえるでしょう。

また、広義の意味での医療に関する事項として、保健所に対して、条例を適用できる場合もあります。前橋市は中核市であるため、独自に保健所を設置することができ、保健師等への研修も市が独自に行えます。このことを念頭に入れ、前橋市手話言語条例では下記の項目が新たに追加されました。

市は、医療機関において聴覚障害の診断及びその後の本人と家族の支援に携わる者に対し、手

話への理解のために必要な措置を講ずるよう努めるものとする。（傍線部は筆者による）

ここでいう、聴覚障害の診断に携わる者というのは、聴覚障害の最終的な診断をする大学病院等の耳鼻科等の専門の医師だけでなく、地域で開業している産科の医師も含まれています。近年では、子どもを産んですぐに、同じ産科の病院で新生児聴覚スクリーニング検査を受けることができ、その場でリファー（再検査）の有無を親は知らされることになるからです。その後、聴覚器官が成長するのを待って、大学病院等の専門の病院で再検査を行い、最終的な診断が下されるのです。したがって、聴覚障害の疑いがあると判明してから確定するまでの間（およそ三カ月〜六カ月程度）、「（生後間もない我が子が）聞こえないかもしれない」と思って過ごす、聞こえる親の心情は穏やかではありません。中には母乳が止まってしまう例も少なくないそうです。親が不安になっている最中、ちょうど三カ月検診等で、保健師が母子に関与するようになってきます。この保健師が、「その後の本人と家族の支援に携わる者」に当てはまります。前橋市手話言語条例の制定に向けた意見交換会には、大学病院耳鼻咽喉科の医師も参加しており、母親が不安に思っているこの間にこそ、「聴覚障害や人工内耳だけでなく、手話に関する情報も同時に提供をすることが重要」とした上で、「しかし、医療現場の医師や看護師にとっては、医療的な面で聴覚障害に関する知識は持って居ても、手話やろう者という文化的な側面に関する認識は不足しているのが現状である。我々医療関係者の研鑽が非常に大事であるため、条例に反映してほしい」と述べています。この意見も参考にした上で、前橋市手話言語条例の条文は作成されたといえます（二神・金澤・任・上田2016）。
このように、郡山市の条例を参考にしつつ、前橋市では中核市の特権を活かした内容を追加して、医療と防災に関する項目が盛り込まれました。他の自治体も同様の内容を追随していることから、これらの視点も新たに手話言語条例の中に含まれるべき項目になったと言えるでしょう。

3・4　手話以外の情報コミュニケーションに関する内容

最近は、手話言語に絞った条例のなかにも、手話に関する項目以外の「要約筆記」等の情報コミュニケーションに関する内容を記載する自治体も増えてきたように思います。それは、いわゆる、「手話言語条例」と「情報コミュニケーション条例」の二本立てで策定している、兵庫県明石市のような条例ではなく、たとえば、郡山市の手話言語条例では下記のように、「その他の意思疎通支援」ということで、要約筆記の活用について記されているようなものを指します。

（その他の意思疎通支援の推進）
第一五条　市は、聴覚障害の特性に応じ、手話のほか要約筆記の活用等、意思疎通の支援に必要な措置を講ずるよう努めるものとする。

さらに、もっと最近のものになると、条文内には、ろう者だけでなく、中途失聴者や難聴者を含む、広義の聴覚障害者や、盲ろう者も規定され、手話だけでなく、要約筆記や触手話、指点字など、手話を使う「ろう者」だけでなく、聴覚障害のある者全般が意思疎通のために活用する手段も記載されるようになってきました。その傾向が明確に現れている条例のうちのひとつが、「千葉県手話言語等の普及の促進に関する条例」です。それには以下のように記載されています。

（定義）第二条

一　聴覚障害者　聴覚の機能の障害がある者であって、障害及び社会的障壁（障害がある者にとって日常生活又は社会生活を営む上で障壁となるような社会における事物、制度、慣行、観念その他一切のものをいう。以下同じ。）により継続的に日常生活又は社会生活に相当な制限を受ける状態にあるものをいう。

二　ろう者　聴覚障害者のうち、手話を言語として日常生活又は社会生活を営む者をいう。

三　盲ろう者　聴覚障害者のうち、視覚の機能の障害がある者であって、障害及び社会的障壁により継続的に日常生活又は社会生活に相当な制限を受ける状態にあるものをいう。

四　手話等　手話、要約筆記、触手話、指点字、筆談その他の聴覚障害者が日常生活又は社会生活を営む上で使用する意思疎通のための手段をいう。（傍線部は筆者による）

第二条の「定義」で、ろう者と中途失聴・難聴者（まとめて聴覚障害と呼んでいるようです）のこと、そして聴覚障害の他に視覚障害もある「盲ろう者」のことも定めたという点で、またひとつ新しい視点を加えた条文ができたといえます。

3・5 「手話の獲得」「手話の習得」に絞った形

二〇一六年四月一日から、「障害を理由とする差別の解消の推進に関する法律（障害者差別解消法）」が施行されたことにより、どうやら手話言語条例の一部は、障害者差別解消法と重なる部分があることがわかってきました。例えば、都道府県のモデル案の中でいうと、第八条の「手話による情報取得の施策」や「手話による意思疎通支援の施策」等の、手話を用いた情報アクセシビリティに関する事項や、第七条の「事業者は（中略）ろう者が利用しやすいサービスを提供するよう努める」といった、合理的配慮の提供に関する内容は、差別解消法でもカバーできると言えそうです。それでもなお、残された課題は、聴覚障害者自身が手話を身につけることの保障に関することで、これは、障害者差別解消法の範囲外になっています(6)。このことに焦点を絞った条例も作られ始めており、例えば、聴覚障害児・者の「手話の獲得」と「手話の習得」に絞った、「大阪府言語としての手話の認識の普及及び習得の機会の確保に関する条例」では、聴覚障害児・者本人だけでなく、その親もまた、手話を身につける機会を充実させるといった内容に絞っています。国の法律でカバーできない内容を独自に条例で定める、「横出し条例」として作成するパターンは、今後もっと増えるかもしれません。

4 手話言語条例の傾向と今後の対策

本稿ではいくつかの自治体の手話言語条例を比較して見てきました。各自治体の「守備範囲」に応じた内容を取り入れつつ、同時期に障害者差別解消法等の障害者福祉に関する法律整備が進んだことで、「手話言語条例」で扱うべき内容がより明確になってきたといえそうです。しかし、なおも残る課題として、条例を元に実際に運用していくことが大事で、その事例検討がまだまだなされていません。条例が少しずつ形を変えて、より良いものになってきたように、施行後の各地の状況や施策について情報を集めつつ、より良い形で条例が実行に移されていくことが望まれます。

注

（1） 自治体によっていわゆる「手話言語条例」を指す条例の呼び方は異なっていますが、本稿ではそれらを「手話言語条例」と呼ぶことにします。

（2） 兵庫県明石市では、手話を言語と定めたものとその他の障害者の情報アクセシビリティに関するものの二本立てで条例を制定することができました。それは、明石市市長の強いリーダーシップのもとで、専門の職員達を揃えたことで、他の障害者団体との調整ができ、また、ろう者団体内での考え方をまとめることができたため実現できたようです。

（3） 群馬県高崎市の手話言語条例は、教員の研修だけでなく、ろう者教員、その他手話に通じた教員の確保についても言及しており、今後の施策にどのように反映されるかが注目です。都道府県の権利を市町村へ移譲することに関しては、条例による事務処理特例制度（地方教育行政の組織及び運営に関する法律五五条1項）を活用し、中核市に人事権等の権限を与えていく、「平成二六年の地方からの提案等に関する対応方針」が二〇一七年一月三〇日の閣議決定で打ち出されています。現に、大阪府の豊能地区（豊中市、池田市、箕面市、豊能町、能勢町）では、大阪府から権限を移譲されているようです。中核市である高崎市は今後、もしかすると県の教育行政に関する権限移譲の動きもあるかもしれません。

（4）詳しくは、二神・金澤・任・上田（2016）に記載しています。

（5）ただし、保護者の強い要望もあり、一部のクラスでは手話の使用を認めていました。また、手話言語条例施行後は、全てのクラスで手話を用いた指導が始まっています。今後は、より一層の教員の手話技術の向上が期待されます。

（6）聴覚障害児・者が手話を身に付けられるかどうかは、環境に起因するものです。しかし、この環境が準備されていなかった場合、これは「差別」、すなわち、「積極的な悪意」があって、行われた（行われなかった）ものとまでは、言えないのかもしれない。

引用文献

我妻敏博（2008）「ろう学校における手話の使用状況に関する研究（3）」『ろう教育化学』、50（2）、pp.27-41.
二神麗子（2016）「日本における手話言語条例の現状について」『ことばと社会』、18, pp.152-157、三元社。
二神麗子・金澤貴之（2016a）「関係者間の語りにみる手話言語条例の相互達成」『社会言語学』、16, pp.49-57.
二神麗子・金澤貴之（2016b）「群馬県手話言語条例の成立にみる手話言語の社会的理解に関する一考察—制定に関与した議員及びろう者の認識の差異に着目して—」『手話学研究』、25, pp.39-59.
二神麗子・金澤貴之・任龍在（2016a）「手話言語条例の上程プロセスにおける当事者性の発揮に関する一研究—党内研究会における条文案をめぐる議論に着目して—」『群馬大学教育学部紀要人文・社会科学編』、65, pp.161-169.
二神麗子・金澤貴之・任龍在（2016b）「教育現場における手話の扱われ方に関する一考察—鳥取県と群馬県の手話言語条例の比較より—」『群馬大学教育実践研究』、33, pp.115-121.

二神麗子・金澤貴之・任龍在・上田征三（2016d）「議員提案条例における当事者性の反映に関する一考察—前橋市手話言語条例の制定プロセスから—」『未来の保育と教育—東京未来大学保育・教職センター紀要』、3, pp.9-18.
金井利之（2011）「ギカイ解体新書　自治体議会から真の住民自治の処方箋を探る（第５回）議員提案条例と行政職員」『議員navi』、25, pp.30-33.
金澤貴之（2014）「手話言語条例が果たす役割に関する考察—上程プロセスへの当事者関与のあり方—」『手話学研究』、23, pp.31-41.
松下啓一・今野照美・飯村恵子（2011）『つくろう議員提案の政策条例　自治の共同経営者を目指して』、萌書房。

特別寄稿

知的障害者のコミュニケーション手段
―シンボルとサイン

大和大学保健医療学部総合リハビリテーション学科言語聴覚学専攻　藤澤　和子

1．知的障害者のことばの問題とＡＡＣ（補助代替コミュニケーション）

知的障害者のことばの問題は、聴覚障害者とは異なり、主に、聞こえる音声が意味のある記号として理解できない、記憶できないという認知発達に由来すると考えられます。言語を理解する能力に比べて、話す能力が低い人や、発音が不明瞭であったり、発音に誤りのある重度の構音障害をもつ人も多く、音声言語の表出面でも遅れがあります。知的障害の程度によっても、音声言語の理解や表出が難しい人から、日常生活の会話では困らない人まで幅があります。いずれにしても、知的障害のほとんどの人は、ことばの障害を持っています。

音声言語だけでコミュニケーションがとれる人もいますが、多くの人の場合は、さまざまな代替手段や方法がコミュニケーションを補助するために使用されています。
具体的には、音声言語が育つ前の前言語期によく使われる音声、指さし、表情、ジェスチャーや、絵、写真、シンボル、サイン、ＶＯＣＡ(1)等の機器が挙げられます。これらすべては、Augmentative and Alternative Communication（ＡＡＣ、補助代替コミュニケーション）と呼ばれ、米国の言語聴覚学会（1989, 1991）によって次のように定義されています。

「発話に著しい困難をもつ人の機能障害や能力低下を補償するための臨床活動である。ＡＡＣの介在は、本質的に複数のモードであるべきである。すなわち残存する発語や発声、ジェスチャー、サイン、補助的な手段や機器を包括した個人のコミュニケーション能力を最大限利用して行われるべきものである。コミュニケーション活動を通して個人生活や社会への参加を実現させ、ＱＯＬを高めることを目的とする」

ＡＡＣは、まずコミュニケーションがもてることを最重視する考え方です。何らかの原因で話しことばが使えなくても、その人が使いやすい手段を尊重し、コミュケーションをとって自己実現できることを支援する専門的分野です。聴覚障害者の手話の使用も含みます。

音声言語の発達に遅れをもつ知的障害者の代表的なＡＡＣ手段として、シンボルやサインがあります。ここでいうサインとは、身振りも含む手指の形と動きでコミュニケーションをとる手段という意味です。身振りは健聴者、聴覚障害者だけではなく知的障害者にも使われています。本稿では、主にシンボルという手段について紹介します。そして、シンボルとサインが、知的障害者のコミュニケーションにどのように使用されて効果を挙げているのかという実践や課題を報告し、さらに聴覚障害を重複する知的障害者のシンボル使用の可能性についても考えます

2. シンボルやサインが使われる理由

はじめに、なぜ、シンボルやサインが知的障害者に使われているのかについて、考えたいと思います。

赤ちゃんは一歳頃になると、ポツリポツリと単語を話し始めます。一歳以前には、話すことはできませんが、「バイバイ」でさようならを伝えたり、両腕をひろげて差し出して「だっこ」を求めたり、前方の何かを指さして「とってちょうだい」と要求したり、身振りや指さしで意図を表現するようになります。障害のない子どもたちは、一歳半ころになると、身振りや指さしの伝達内容を、音声言語で伝えるようになっていきます。知的障害の子どもたちは、音声言語で伝えることができる発達に達するまでに時間がかかります。将来にわたり話せない子どももいます。そこで、伝えたい気持ちや意図を表現する方法の一つとして、シンボルやサインを使うように指導をします。知的障害者にとっては、記号としての抽象性が高い音声言語よりも、視覚的な情報で表現内容を具象的に表すシンボルやサインの方が、理解しやすいのです。また、話すための口腔機能に遅れや障害を持つ人には、表出しやすい手段です。理解と表出のしやすいこれらの手段を使うことで、音声言語が発達していく子ども

がいます。決してこれらの使用が音声言語の育ちを抑制することはありません。

どちらもAAC手段ですが、シンボルとサインでは、異なるところがあります。シンボルは、道具が要りますが、サインは要りません。シンボルは、文字と同じように、すぐに消えることがありませんが、サインは、動きを静止しない限りは消えてしまいます。例えば、手指の運動に障害がある人やすぐに消えない絵の方が理解しやすい人はシンボルを使い、人の動作を見て、模倣のできる人はサインを使う等と、手段の特徴の違いを活かして、使用者に応じて使い分けます。また、シンボルとサインの両方を使用する人もいます。

3. シンボルとは

シンボルとは、単語の意味を、わかりやすい絵で表現した目で見ることばの記号です。高橋（2003）は、シンボルのわかりやすさを、「文字に比べて、曖昧性がなく意味が明瞭であることと、シンボル同士の方が個々の特徴が明瞭で、弁別が容易であること、音読や黙読による命名をしないで意味が瞬時にわかることである」と述べています。その特性を活かして、公共、交通施設や、安全標識等で広く使用されています。年齢や国などの異なる人が、共通して理解できるシンボルを目指して、二〇〇二年に、国土交通省の関係公益法人である交通エコロジー・モビリティ財団が、一般、公共施設や交通施設、安全、禁止等の標準案内用図記号を制定し、一一〇項がＪＩＳ（日本工業規格）化されました。制定後も時代の変化に対応させて、改訂や追加を行い、より広く利便性をもつ図記号として進化しています。例えば、東日本大震災等の大規模な自然災害や高齢社会から人を守るために、津波関連情報の所在を明らかにする津波関連図記号（2008）、津波避難誘導標識システム（2014）、災害関連図記号（2016）や、高齢者、妊産婦等の優先設備や優先席を示すための「優先設備図記号」「優先席図記号」（2014）が追加されています。

また、どの国籍の人が見ても一目で分かる特徴を活かして一九六四年の東京オリンピックで使用されたシンボルのコンセプトが、二〇二〇年のオリンピックでも継承されて、活用される予定です。

このように、シンボルは、高齢者、外国

標準案内用図記号

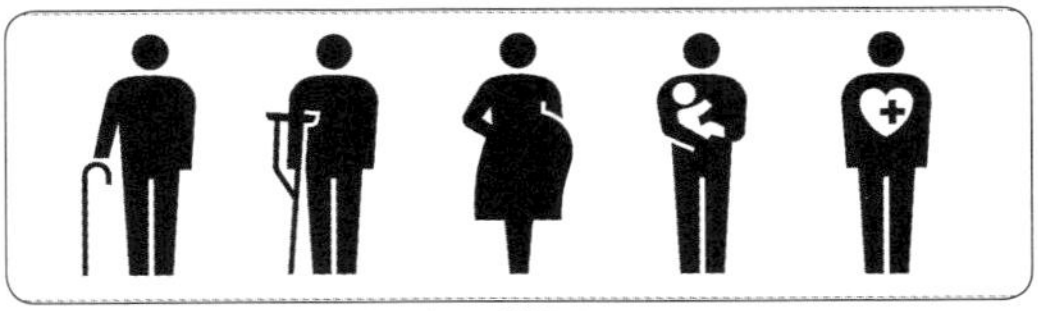

優先設備図記号

津波避難場所図記号

災害関連図記号

人、子どもたち、障害者等のすべての人が、安全に健やかに生きられる社会を目指したユニバーサルデザインとして、一般社会で有効に活用されています。

4．コミュニケーションで使用するシンボルの発展の歴史

シンボルが本来もっているわかりやすさを、コミュニケーション手段として使用する方法が、ＡＡＣ手段としてのシンボルの活用です。シンボルは、ピクトグラム、視覚シンボル、絵記号等という名称でも呼ばれています。

シンボルを障害者のコミュニケーションに使用する実践が始まったのは、一九七〇年に入ってからです。ブリス（C. K. Bliss）が、世界の平和を願って国際言語として考案したブリスシンボル（Blissymbols）を、カナダのオンタリオ肢体不自由子どもセンターが注目し、障害者用の言語として用いたことから始まりました。

ブリスシンボルは、もともとが障害者用に開発されたのではないため、抽象度が高いシンボルです。しかし、漢字と類似した構造を持つなど、合理的な言語としての体系をもっています。木へんの漢字が、木に関連した語彙を表すように、代表的なシンボルと他のシンボルを組み合わせて、語彙を作る構造になっています（Eugene T. Mcdonald, Ed.d. 1980）。組み合わせた複合シンボルの例をp.77に示します。部屋のシンボルを基礎にして、椅子のシンボルを合わせてラウンジ、本を合わせて図書

室、囲いと外を合わせてバルコニーのシンボルが表現されています。ブリスシンボルは、現在も、主に、知的障害のない、あるいは軽度の知的障害がある肢体不自由者のコミュニケーション手段としてカナダ、アメリカ、ヨーロッパ諸国を中心に発展しています。

ブリスシンボルの有効性は明らかになりましたが、システムの構造やシンボル自体の抽象性の高さは、知的障害の人たちが使用するためには難しいものでした。そこで、一九八〇年代に、具象的な絵柄のシンボルが数多く開発され、使用できる人の範囲を、表出面と同時に理解面にも遅れのある知的障害、自閉症、重複障害の人たちまで拡げました。

日本では、一九八五年に、広川、吉田によってオーストラリアで活用されていたサウンズアンドシンボルズ(2)が導入され、その後、一九九五年頃から、欧米のＰＩＣシンボルやＰＣＳシンボル(3)の日本版が制作され、現在までに特別支援学校や施設などで普及しています。

そして、その普及を後押しする事柄として、二〇〇五年に経済産業省が、「コミュニケーション支援用絵記号デザイン原則」をＪＩＳ規格に制定しました。このことは、安全標準案内用図記号と同様に、障害者や高齢者などを対象としたコミュニケーションに使用するための絵記号の必要性を国家的に認知したというこ

ブリスシンボルの複合シンボル
（「部屋」のシンボルに他のシンボルを組み合わせて新しい語彙が作られた複合シンボルの例）

とを示しています（藤澤、2004）。

5．コミュニケーションシンボルの種類と語彙の構成

シンボルをコミュニケーションに使用するためには、話しことばに対応する単語が必要となります。そのため、シンボルはふだんの会話でよく使う「わたし」「おかあさん」「ねこ」などの人物や動物、「パン」「カレーライス」「コーヒー」などの食べ物や飲み物、「コップ」「くつ」などの日常使う物、「歩く」「食べる」などの動作、「うれしい」「かなしい」などの気持ち、「おはよう」「さようなら」の挨拶などのことばが、よくわかるシンプルな絵で表現されています。品詞で分類すると、名詞、動詞、形容詞などで構成されています。音声言語で話す単語をすべてシンボルで表現することは難しいので、語彙には限界がありますが、日常生活で必要な単語を揃えた語彙体系を持ち、シンボルを並べて、文章や句を作ることができます。ＪＩＳ絵記号参考例を使用した文章や句の例を下に示します。

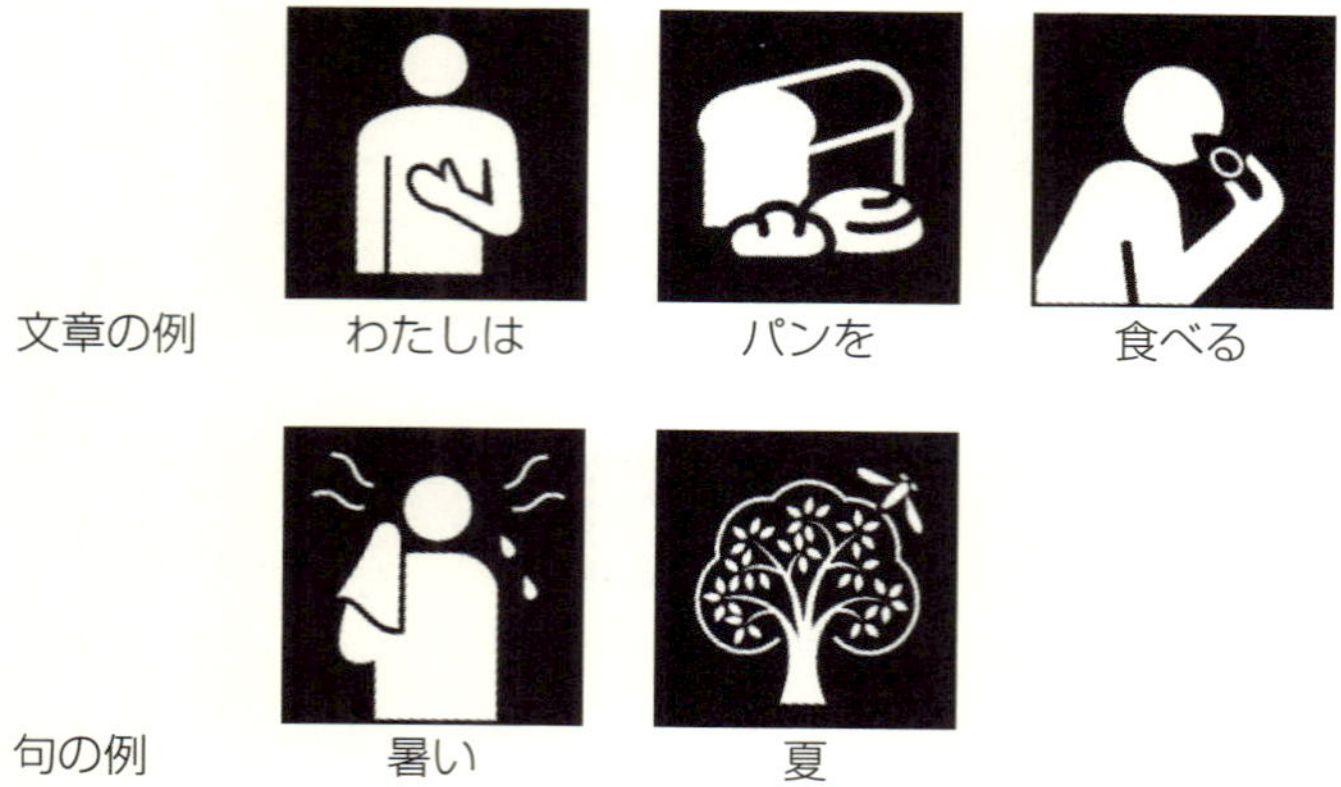

シンボルを使用した文章と句

シンボルには、語彙体系やデザインの異なる様々な種類があります。単語数が多いＰＣＳやＰＩＣシンボルは、使いたいシンボルの名称を検索欄に入力して検索すると、シンボルの絵が出てきて印刷やワード等に貼り付けできるソフトがあります。日本版ＰＣＳのボードメーカーというソフトは、四八〇〇個以上のシンボルを収録しています。日本版ＰＩＣのピクトプリントは、二七〇〇個を収録しています。

筆者が研究と実践、制作に関係してきたシンボルは、ＰＩＣシンボルと言います（藤澤、2011）。PICは、Pictogram Ideogram Communication の頭文字をとった名称です。具体的な事物や対象物を表すPictogramと、抽象的な概念や動きを表すIdeogramで、コミュニケーションをもつという意味です。

一九八〇年に、カナダの言語聴覚士であるサバハス・マハラジ（Subhas C. Maharaj）氏によって、開発されました。現在は、カナダとスウェーデンと日本で、約三〇〇〇個のＰＩＣシンボルが新たにデザインされています。ＰＩＣシンボルのデザインのコンセプトは、「White & Black & Simple」（白と黒とシンプル）です。黒地を背景に、対象物を白抜きに表したシルエット像のシンボルです。一目で意味がわかる視認性の高さ、統一

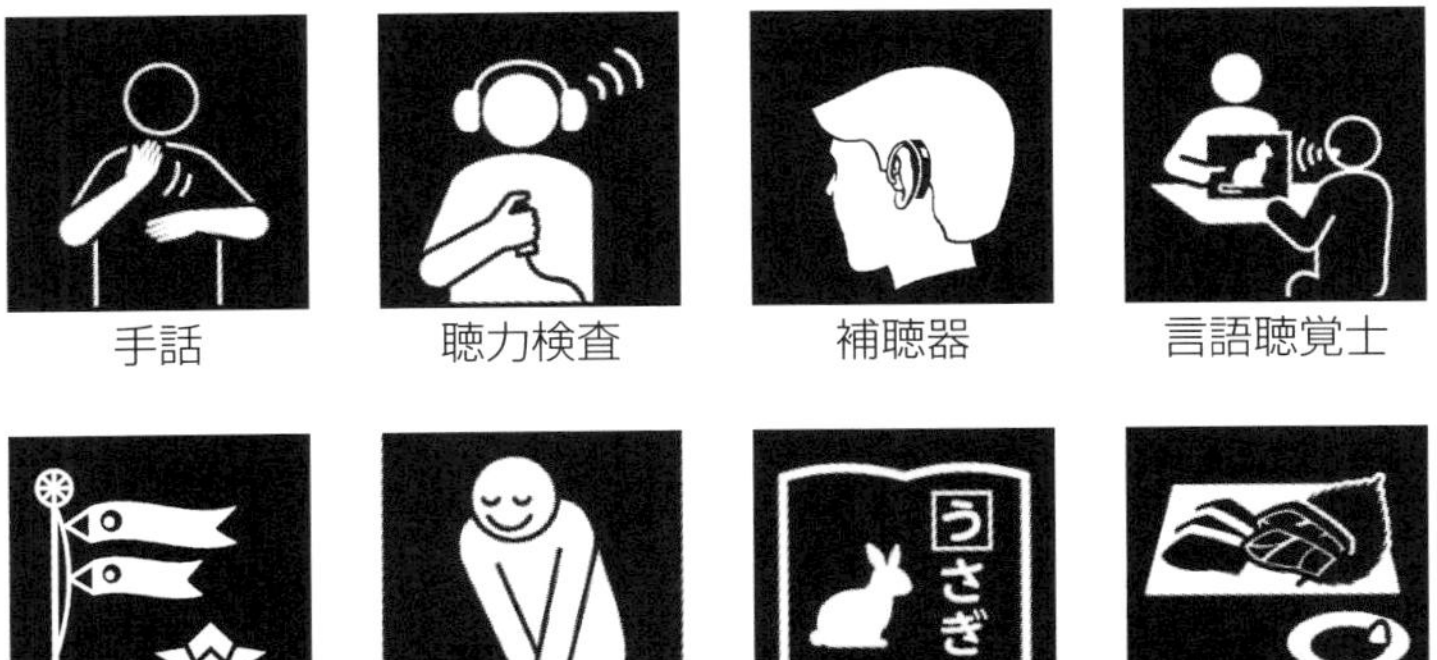

日本版PICシンボル

性、デザインとしてのうつくしさを併せ持つように、できるだけ詳細な写実を抑え、線の太さなどのデザイン原則を決めてシンプルな像に描かれています。黒地に白で対象物を表すデザインは、視覚障害者の見えやすさにも配慮されたものです。聴覚に関する単語と日本的な文化を表現した日本版ＰＩＣシンボルの例をp.79に示します。

ＰＩＣシンボルは、日本でＪＩＳ化された「コミュニケーション支援用絵記号デザイン原則」の基になりました。さらに、一般案内用図記号や公共の場で使用されているピクトグラムのデザインに似ており、一般社会で広く使用されるユニバーサルデザインでもあります。ＪＩＳのデザイン原則に基づいて制作された約三〇〇の絵記号は、共用品推進機構のＨＰで無料で提供されています。

http://www.kyoyohin.org/ja/research/japan/jis_t0103.php

ＰＩＣシンボルの単語の構成を紹介します。ピクトプリントVer.3.0（藤澤・槇場、2006）という検索印刷用のＣＤに、二七〇〇個が収集され、下の表のように大カテゴリーと中カテゴリーに分類されています。多くのカテゴリーに属する単語で構成されていることがわかります。

PICシンボルを構成する単語のカテゴリー分類

大カテゴリー	中カテゴリー
人／動物	人・職業・身体・陸の動物・水の動物・鳥／虫
動き／様子	感情／感覚・状態／様子・基本動作・対物行為・対人行為・知的行為
飲食物	料理／食材・おやつ・飲み物・野菜／果物・調味料／他
家の中	住まい・台所／風呂・家具／家電・衣料／携帯品・文具／玩具・道具／日用品
家の外	庭・乗り物／交通・街／施設・植物・地理／自然・天候／天文
文化／社会	日時／行事・教育／学校・芸術／音楽・スポーツ／娯楽・健康／医療・情報／社会

6. 知的障害者へのシンボルの使用の実際

シンボルをコミュニケーションに使用する対象者は、知的障害、脳性麻痺、自閉症、失語症、聴覚障害などの人たちです。音声言語で話すことができなくても文字を使った筆談や文字単語が理解できる人は、シンボルを使用しないケースが多いので、知的障害と重複している人たちが主な対象となります。

音声言語で話せない人や、音声言語で話せるけれど、十分に人に伝わるように発音できない人のコミュニケーション手段として、シンボルを使用する方法とやりとりの様子を紹介します。

(1) コミュニケーションボードについて

シンボルを使ってやりとりするためには、シンボルを並べたコミュニケーションボードを作り、二人で指さし合って使います。コミュニケーションが成立するためには、使用者が伝えたい事柄を表すシンボルがブックやボードに並んでいなければなりません。また、使用者がわかるシンボルでなければなりません。

コミュニケーションボードのシンボルを指さして伝える子ども

ボードに並んだたくさんのシンボルから、伝えたい事柄を表すシンボルを選ぶことのできる人がいますが、たくさん並べると選べない人もいます。使用者に応じて並べるシンボルや数を考えて、コミュニケーションボードを作ります。そして、写真や文字単語をボードにいっしょに並べることもあります。どのような使用者でも、ボードは、やりとりの進み具合と話題に応じて変えていきます。

(2) やりとりするときの留意点

支援者は使用者とやりとりができるように、次のことに気をつけてコミュニケーションをもつようにします。

①使用者の伝達内容を理解して応答する

シンボル使用者には、伝達したいすべてのことをシンボルで伝えられない人も多いので、支援者は、使用者が伝えたい内容を理解して応答します。例えば、[ごはん]のシンボルを指さしたとき、「ごはんが食べたい」という要求か、「ごはんが好き」という情報か、その意図を考えて、使用者が伝えたいことを言語化して確認しながら応答します。また、わからないときは「ごはんが食べたいの？」と、間違いがないか、使用者に尋ねながら応答します。

②やりとりできて楽しかった気持ちを伝える

支援者は、使用者が伝えることができたことを実感できるように、共感して応答します。「よくわかった」「楽しかった」などと、やりとりができてうれしかった気持ちを、伝えてあげることが、シンボルを使う興味や意欲につながります。

③支援者もシンボルで伝える

支援者も使用者に音声言語とシンボルを使って伝えます。音声言語だけよりも、合わせてシンボルを使ってもらうとよくわかると使用者に感じさせることが、自発的な使用につながります。

④話題にする時期

楽しかった体験を話題にすると、コミュニケーションが弾みます。体験してから時間が経つと、その時の状況や気持ちが薄れてしまうので、時間が経たない時期にコミュニケーションをもつようにします。例えば、運動会のことは、運動会が終わった直後か数日後に話題にします。

⑤複数の手段を使う

使用者が、シンボル以外の手段も併用した方が、コミュニケーションがもちやすく、話題が広がりやすい場合に、支援者は、音声言語とシンボルに加えて、サイン、写真、文字を、使用者の能力に応じて同時に使います。

(3) 実践例

ここに三つのボードとやりとりの例を紹介します。三例とも知的障害のある人です。Cが使用者、Tが支援者の伝達内容を表します。

①理解できるシンボルが限られている人や、シンボルを使うことに慣れていない人とのボードとや

りとり

体験した楽しかった事柄を話題にすると、コミュニケーション意欲が高まるので、体験を思い出しやすいように、その時の写真と、関連する最小限のシンボルを並べます。そして、いっしょに写真を見ながら、支援者が、シンボルを指さして話しかけます。必ず、返答できる内容で話しかけ、返答するためのシンボルをボードに入れておきます。やりとりの例を示します。

この事例は、下のボードを使った小学三年生の知的障害の子どもです。尋ねられたことに答えられるようになりました。発音は不明瞭ですが、音声言語も使っています。音声言語「　」、シンボル□、サイン＝＝、「□」は、音声言語を使いながらシンボルも指さしていることを表します。

動物園の遠足で写した写真を入れたボード

T：「いっしょに動物園に行ったね。何を[見た]のかな?」

C：「あば[かば]」

T：「かばがいたね。かばを見て[かわいい]?[こわい]?」

C：[こわい]

T：「近くまで来たので、[こわい]ね。他にはどんな動物を[見た]?」

C：「どう ぞう」

T：「それから？」

C：「たう さる」

T：「ぞう と さる を見たのね。ぞうとさるは かわいい ？ こわい ？」

C： かわいい

②内言語が豊かな人のボードとやりとり

知的障害と脳性まひを重複している人の中には、内言語を豊かにもっていても、重度のまひのために、音声言語で話せない人がいます。このようなケースは、多くのシンボルを使うために、数枚に分けてボードを作ります。文字も少しは理解できるため、文字単語を入れています。

この事例は、施設で長年生活している六〇歳の方です。時々お姉さんの家に帰り、楽しい時間を過ごされます。p.86のボードを使って、そのときのことを思い出した会話です。文章で表現されています。

海 山 は、淡路島、女 家族 は、姉を表します。

T：「このごろ、どこか行かれたことはありますか？」

C： 海 山 車 行く

T：「淡路島へ車で帰ったのですね。何をしに行ったの」

C：死ぬ

T：「法事のことですか」

C：首を下げてうなずく。 女 家族 友達 来る

T：「お姉さんの友達が来られたのですね」

C：魚 食べる 幸せ

T：「おいしかったですか」

C：うなずく。 女 家族 私 幸せ

T：「他に何をしましたか？」

C：テレビ 野球 見る

T：「野球が好きですね。お姉さんもいっしょに見たのですか？」

C：うなずく 幸せ

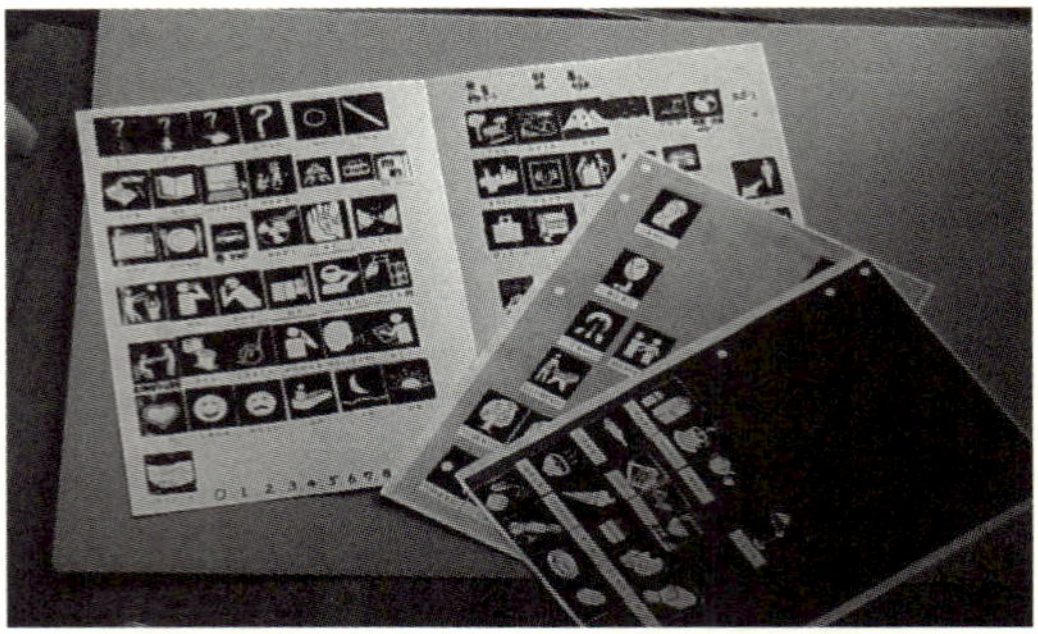

たくさんのシンボルを入れた３枚のボード

③シンボルとサインと文字単語を使ったやりとり

シンボルの他に使える手段があれば使用するように促します。ボード（p.87）には、行事の日や場所、乗り降りする駅名を文字で入れています。自発的なサインも使いながらやりとりをします。この事例は、知的障害を重複する自閉症の青年です。「ピーピー」という口笛と「アッアッ」という音声だけを発声し、音声言語では話せません。しかし、ＰＶＴ―Ｒ絵画語い発達検査(4)で調べると七

歳の言語理解能力があります。音声言語で話す能力と理解する能力に差の大きな人です。自閉症のために、人に自分から何かを伝える行動自体が乏しかったのですが、シンボルの指導を始めてから、問いかけに、シンボルや身振りで返答するようになりました。そして、好きなクリスマスや年始の行事を話題すると、自分から積極的に楽しみにしていることを伝えました。

T：「Kちゃんの好きなクリスマスやお正月が近づいてきたね。何か楽しみにしていることありますか？」

C：一月七日

T：「一月七日は何がある日？」

C：小阪ユニオンホテル　プレゼント　レストラン　幸せ

T：「小阪ユニオンホテルでプレゼントもらってレストラン行くの。いいね。小阪ユニオンホテルはどこにあるの？」

C：八戸里

服　ズボン　写真　幸せ

T：「新しい服とズボンを着て写真を撮るの、うれしいね」

C：ボーリング

T：「ボーリングにも行くの。楽しみだね」

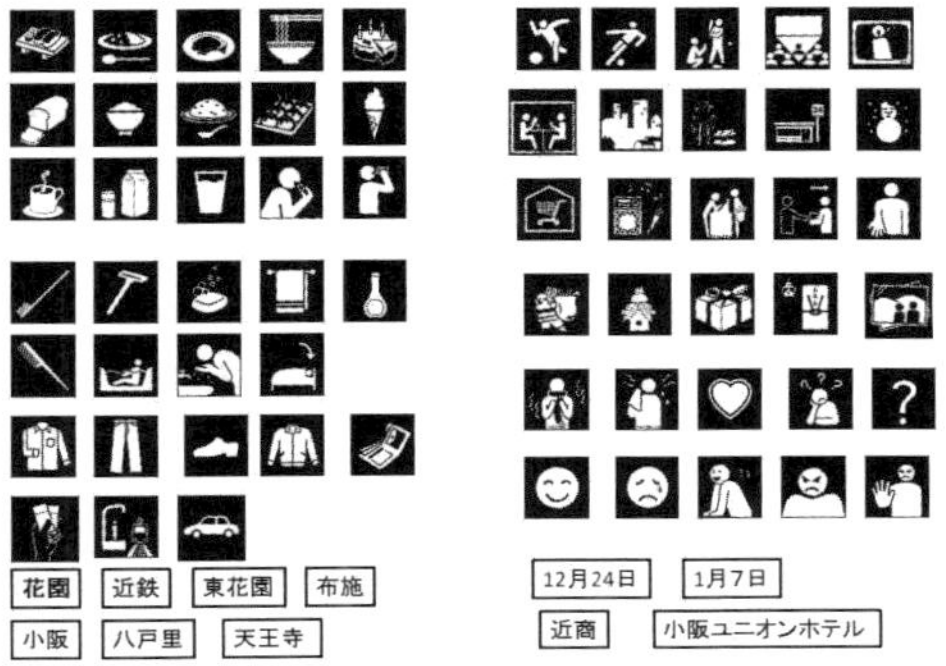

文字単語を入れたボード

7．災害時のコミュニケーションボード

普段の生活でシンボルを使うことは大切ですが、もう一つ、災害等の被害にあった時に、他者とのコミュニケーションがもてる状態を保障するために、シンボルを使うことも極めて重要なことです。大きな災害が起こるたびに、聴覚障害者や視覚障害者に情報が届かないことが社会的な問題になります。知的障害者や自閉症の人たちも同様の状況です。

とりわけ、避難所生活で、いっしょに生活する被災者や行政、ボランティア、医療関係などの支援者は、彼らと初めて会う人達も多く、また日々接する人が変わっていくという状態にあります。そのため言葉が話せない、理解できない彼らとのコミュニケーションには、大きな障害が生じると思われます。避難所に適応できなくて、車で過ごす自閉症の子どもとご家族が報じられたこともありました。

そこで、支援する人たちが、彼らに情報を伝え、コミュニケーションをもつために使用するシンボルのボードを作成し、彼らが避難所や施設などで、少しでも精神的に安定して生活できるように支援したいと考えました。

災害時のコミュニケーションボード（p.89）は、A３サイズの裏表に、震災後の生活で使用するためのことばをシンボルで提示し、初めての人でも使えるように使用説明を付けました。また、携帯に

便利であること、汚れにも強いことを考慮した素材で制作しました（Fujisawa, K. Kobayashi, M. Yoshida, K & Onko, 2012)。

コミュニケーションの内容を次の六つにして、それぞれに必要なシンボルを配置しました。シンボルは日本版ＰＩＣシンボルとＪＩＳ絵記号を使用しています。①『ひなん』支援者が災害の危険を知らせる。②『かぞく・ともだち』支援者が家族や友だちの安否や捜索について知らせる、当事者が尋ねる。③『ほしいもの』支援者が配るものを知らせる、当事者がほしいものを要求する。④『たいちょう』支援者と当事者が体調を伝え合う。⑤『きもち』気持ちを伝え合う。⑥『どれぐらい』か痛みや気持ちの程度を伝え合う。

東日本大震災の時に、被災地の施設や特別支援学校、避難所に配布したところ、数カ所から配布枚数を増やしてほしい等の問い合わせを受けました。また全

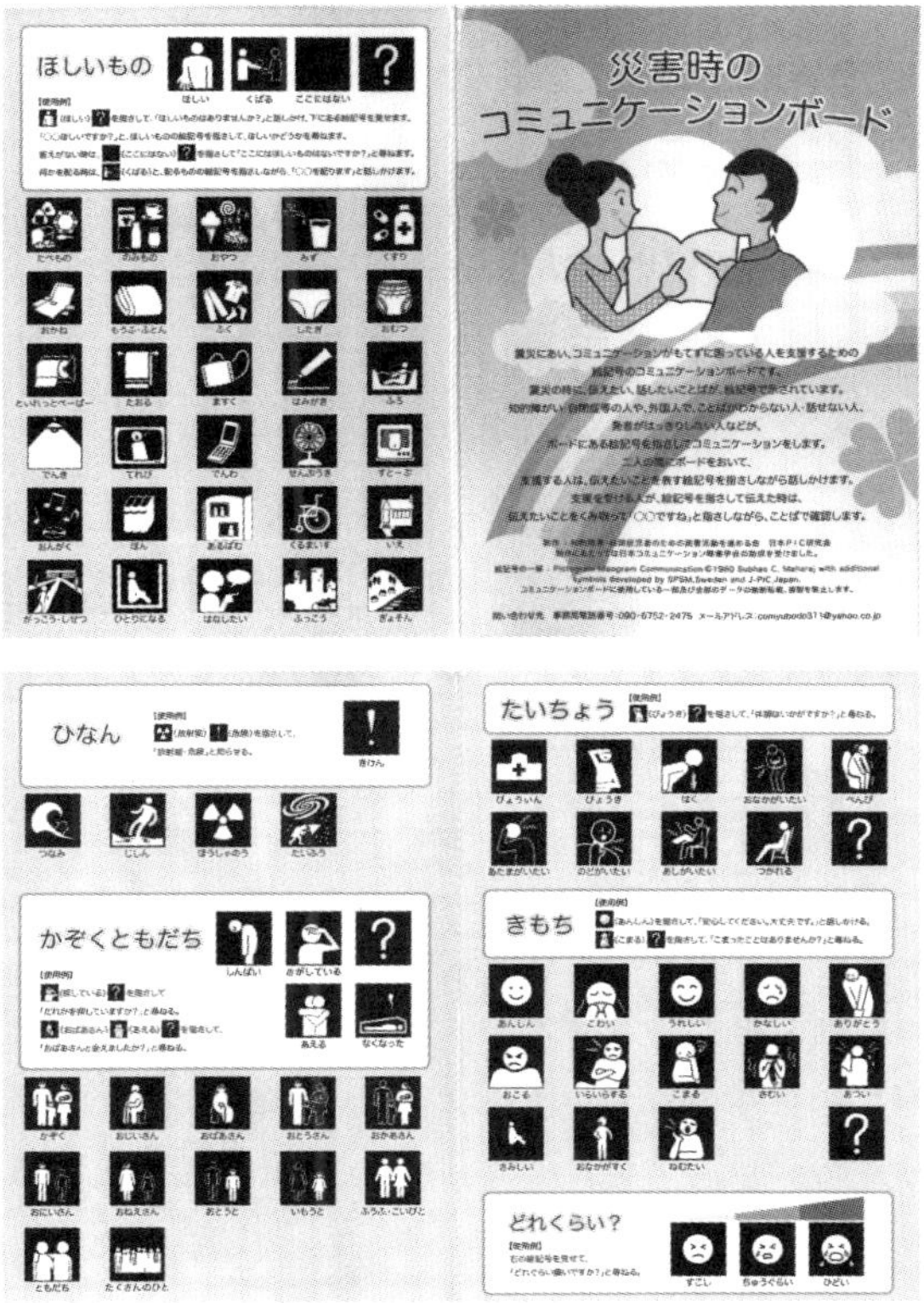

災害時のコミュニケーションボード

国の知的障害特別支援学校にも届けました。現在は、大阪市のＨＰからダウンロードして使えるようになっています。

URL　http://www.city.osaka.lg.jp/kikikanrishitsu/page/0000330324.html

日本コミュニケーション障害学会とヤマト福祉財団から助成金を受けて制作、配布しました。

8. 知的障害者のサインの使用

身振りも含む手指の形と動きでコミュニケーションをとるサインを、コミュニケーション手段に使う知的障害者もいます。彼らが必要とするサインは、生活でよく使うことばが中心です。また、知的障害者が、伝えたいことのすべてをサインで表現することは難しいので、キーワードとして使用される場合が多いです。例えば、「車に乗って楽しかった」という文を「車」「楽しい」の二つのサインで表現します。サインで表現されない部分は、コミュニケーションの相手となる人が文脈によって理解します。ですから、使用者の生活等を知っているとコミュニケーションが取りやすくなります。それは、シンボルを使う時も同じです。すべてをシンボルで伝えることはできませんので、文脈で理解する部分があります。

また、サインを使用する中で、音声言語が育つ人もいます。伝える意欲と、サインという記号で何かを表す象徴能力が育つため、単語を音声で言えるようになる人もいます。そのため、使用目的を、音声言語の発達においてサインの指導をするケースもあります。

スウェーデンでは、手話(5)が知的障害学校の多くで使用されています。その現状を、是永と藤本が、学校を訪問して報告しています(2008)。「オレショーストトーレゴード知的障害特別学校では、学校における指導やコミュニケーション場面のほとんどで、手話でキーワードを示しつつ指導されています。ほとんどの教員が手話を使用しています。子どもの表出においても頻繁に手話が用いられています。子どもによって、音声言語と手話の同時使用である場合と、手話のみの場合があります」と紹介されています。

朝の会で手話を使った出欠確認や昼食の献立の確認、総合の時間に、子どもが手話を使用して発言している場面、遊び時間のボール遊びで教員が指文字を使う場面、手話コーラスの練習場面等の写真が掲載されています。この学校が特別に手話を使っているのではありません。スウェーデン全域でこのように手話が使われています。

是永と藤本は、知的障害児をはじめとする子どもにとっての手話の有用性を、「手話は視覚的な言語であり、ことばが指す意味や物のイメージを想起しやすく、具象的であるため、ことばの理解習得を促進する機能があること、音声言語だけの呼びかけや指示よりも視覚的な注意喚起が可能であること、表出においても、より円滑な意思表出につながることが期待でき、指導者が補助しやすい」等と述べています。さらに、スウェーデンの手話を使った研究(Irene Johansson, 1987)では、手話を一歳前から使用して教育をしたダウン症児は、手話によってことばを理解する能力を発達させたことが報告され、低年齢にも有効であると考察しています。

9. 知的障害児が獲得しやすいサインの形態

イギリスで誕生したマカトン法（1997）は、自然な身振りに近いように考えられた三三〇語のマカトンサインを、知的障害者などのコミュニケーションに使用する方法として、日本でも普及しています（松田・磯部、2008）。

マカトンに限らず、身振りも含んだ手指の形と動きで表現するサインが、知的障害者のコミュニケーション手段に使用されて効果をあげていることは実証されていますが、知的障害者には、手先が不器用な人が多くいます。表現することばによっては、手先を使う細かな動きを必要とする単語もあります。どのような形態であれば獲得しやすいかということについて、知的障害児の指導事例を通して検証しました。（冷水・藤澤・槇場、2006）。手本として児童に示したサインは、指導後に手指の動きの形態の分析をするため、形態が明確に決められている手話単語を用いました。

A君は、特別支援学校小学部三年生に在籍する知的障害児童です。有意味な音声言語はありませんが、「あー」「ままま……」と人に呼びかける発声と、一五個程度のサインで伝えます。例えば、「おはよう」「こんにちは」は、おじぎをする動作、「さようなら」は、片手を振る動作、「はじめます」「おわります」は、両腕をあげる動作、「食べる」は、片手あるいは両手を口にもっていく動作、「トイレに行きたい」は片手を下腹部にあてる動作です。理解語彙は五〇程度で、よく使われる日常会話が理解できます。新版K式発達検査では、認知や言語理解は二歳程度という結果でした。

身体運動については，尖足《せんそく》気味で少し前のめりに歩き、両肘を曲げて腕を肩の高さまで上げていることが多くあります。気が散りやすく、興奮が高まると腕が震える情動行動があります。

サインの指導は、週一回、合計一八回を言語指導の三〇分間で行いました。一回〜一二回は、対象児の好きな遊びをいっしょに行いながら、話しかけと同時にキーワードとしてサインを提示しました。一三回以降は、設定学習の場面を一〇分程度導入し、一〇枚の絵カードの名称をサインで回答する学習を行いました。

指導の経過は順調でした。二回目から、すでに使っていたサインを自発することに加えて、形態は手本通りにはできませんでしたが、指導者のサインを模倣する動作が見られました。五回目から、指導者の手本を見て、自発的に自分のサインを修正しようとする行動が見られるようになりました。一六回目からは、絵カードに対応したサインで回答し、手本を示すと、模倣して手本に近づけようと、修正するようになりました。特に、手の位置や動きを強調して見せると、模倣しやすい様子でした。このように、サインを習得する姿勢は一八回で明らかに変化しました。言語指導で自発的に使用したサインを下の表に示します。

言語指導で自発的に使用したサイン

挨　拶	はじめます、おわります
乗り物	車、飛行機、電車、新幹線、自転車、そり
動　物	さる、おに
動　作	食べる、飲む、したい、歩く、投げる、待つ
も　の	傘、本
その他	トイレ、上手、いっしょ

しかし、指導者の手本通りの形態で習得できた動作は、「待つ」「本」「上手」に止まりました。修正しようとして手本の形態に近づくサインはありましたが、手本通りに習得することは難しかったのです。

例えば、「歩く」は、歩行のときの両腕を曲げて交互に振る動作、「したい」は、掌を上向けて両手を合わせるチョウダイの動作、「電車」は、胸の前で手のひらを開いて両手を合わす動作、「おわり」は、両腕を胸の高さまで挙上し、掌を内向けて腹部まで下ろす動作、「傘」は、胸の前で掌を握り、両手を合わせて交差させる動作等になりました。

一八回という限られた指導回数にも関わらず、自発的に使用するサインが増え、A君のコミュニケーション手段として有効に使用できると考えられました。しかし、獲得した形態を分析すると、視野内で行われて身体接触性がある動作、あるいは手先を使わず両腕を対照的に動かす動作に限られました。掌の向きや手指を使う動き、両腕を非対象に動かす動作は難しかったのです。ただし、指導の中で、手話単語の形態の見本を見せるときに、明確な形態や動きの違いを強調して示すと、手本に近い模倣行動を促す効果はありました。

A君のように、サインをコミュニケーション手段として活用できるけれど、不器用で上肢の運動に問題のある子どもがいます。このようなケースでは、どのような動作が運動負荷が大きいかをさらに検証し、負荷を軽減するサインの形態を考える必要があります。

10. シンボルとサインの同時使用

シンボルとサインの使用を紹介しましたが、実際的には、両方を使うことがよくあります。シンボルを見ながらサインをする、サインをしながらシンボルを指さすというように、両方を同時に使います。

このように、サインとシンボルの指さしを同時に学習するためのスウェーデンの教材（p.96の下段）を紹介します。シンボルと手話(5)を対応させた教材（Kerstin Falck, 1995）、シンボルと単語の語頭の文字と指文字を合わせた教材（Anita Johansson, 1995）です。それぞれの手段を対応させると、理解しやすく学習が容易になります。

上段は、歌をシンボルとサインと指文字で表現した歌唱の教材です（藤澤・岡田・槇場、2009）。歌うことができない知的障害や重複障害の子どもたちが、リズムに合わせて、サインで表現することを楽しめるように考えられています。歌詞を表わすシンボルと、指文字を付けることで、歌詞をイメージしながらサインを表現できるように工夫してあります。

このようにシンボルとサインが同時に表示されている教材は、サインが学習しにくい知的障害児や、知的障害を重複する聴覚障害児に有効だと考えられます。単語のイメージがシンボルで表現されるため、ことばの意味を理解しながら対応するサインを表現し、記憶することができます。

聴覚障害を重複する知的障害児に、シンボルを導入してコミュニケーション指導をした事例（岡田，2001）が報告されています。90dBの聴力で認知面は一歳半程度の五歳児の事例です。サインを使ってコミュニケーションをとっていたのですが、二〇語ほどから増えなくなったため、写真とシンボルを見せながら、同時にサインを示して話しかける指導が行われました。例えば、よく行くコンビニの写真と、買い物とお菓子のシンボルを入れたコミュニケーションボードを作り、コンビニの写真、買い物、お菓子のシンボルを指さし、対応するサインを見せながら、「コンビニにお菓子を買いに行こうか」と音声言語でも話しかけます。子どもは、写真とシンボルがあるので、サインの意味がよくわかります。指導三年目には、ごはんが食べたいとき

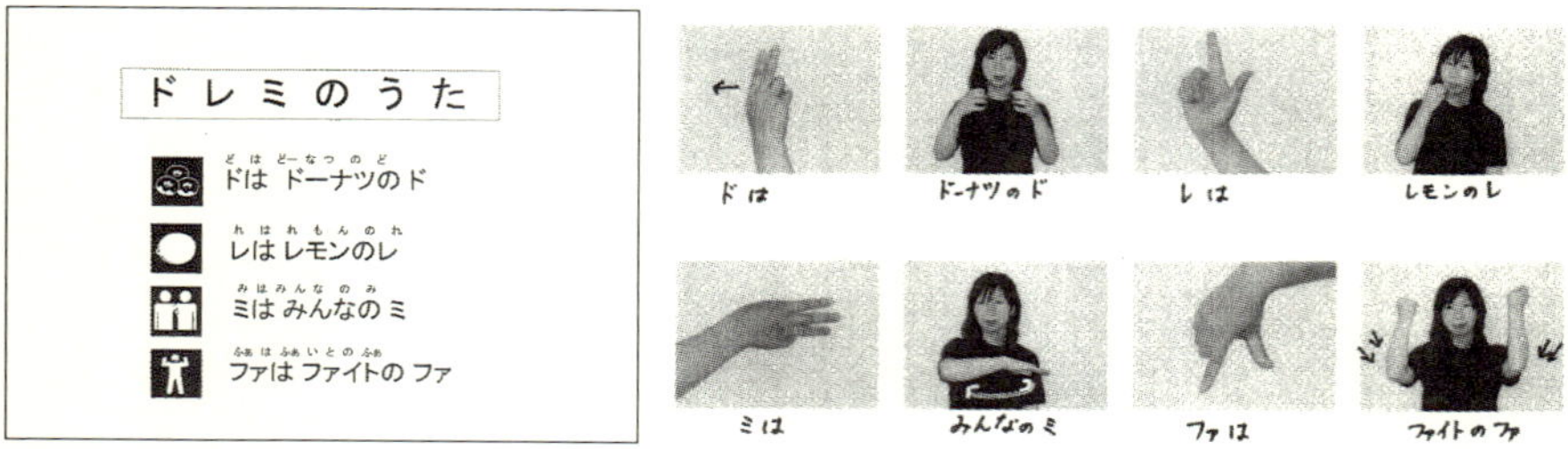

シンボルとサインと指文字で表現された歌詞

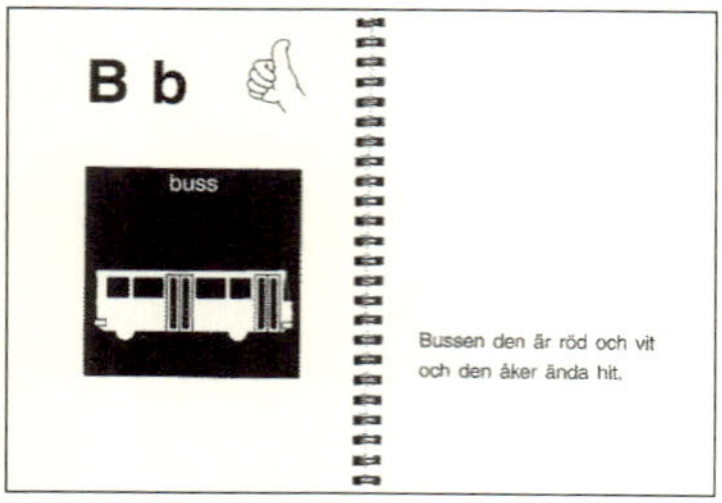

シンボルと指文字を対応させた
スウェーデンの教材

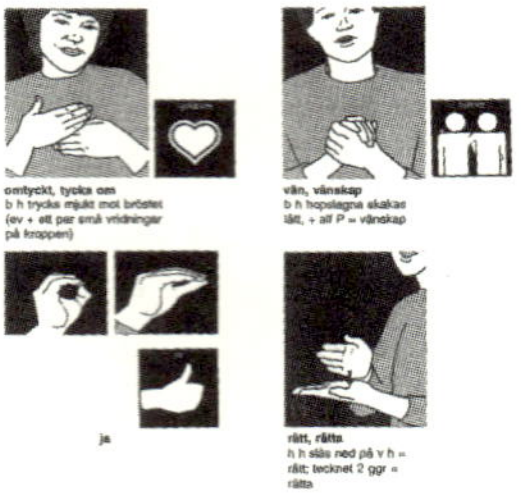

シンボルと手話を対応させたスウェーデンの教材

に、子ども自身がボードを開いて、はし ごはん のシンボルを指さし、食べるサインを使って知らせるようになりました。たくさんのことばを伝えることは難しいですが、サインの模倣や使用が増えてきたことが報告されています。

この事例は、サインだけでは、理解し表現できる単語が増えなかったのですが、シンボルと対応させることにより、サインが表す意味、すなわちことばの意味を理解することができたのだと思います。そして、頭の中に、ことばという概念が育ち始めたのではないでしょうか。シンボルでもサインでも、伝えたいことを表現できることがわかった子どもは、どちらも使用しています。使える手段を使って、コミュニケーションをもつことを重要だと考えるＡＡＣの基本が、この事例に活きています。

11. おわりに

知的障害者のコミュニケーション手段であるシンボルの紹介と、シンボルとサインの使用について説明しました。視覚的な情報で意味内容を具象的に表すシンボルやサインが、彼らに理解しやすく、表現手段としても利用しやすいという特徴を活かして使われていました。また、聴覚障害を重複する知的障害者にとっても、同時使用が有効だと考えられました。しかし、一方で、不器用で運動が苦手な知的障害者には習得しにくいサインの形態もありました。重度の知的障害者にはシンボルやサインの意味が理解できない人もいます。音声言語や文字に比べてわかりやすいとされる二つの手段を、使用者に応じて有効に活用できるように、引き続き指導方法や用途を考えていくことが今後も必要とされています。

注

(1) VOCA (Voice Output Communication Aids：音声出力会話補助装置) は、自分の意思を相手に伝えるための音声出力機能を備えた装置のことです。ボタンを押すとあらかじめ録音されている音声が再生されます。指導者が使用者に必要な音声を録音して再生するタイプと、機器に入っている合成音声をキーボードで再生するタイプがあります。どちらも、音声言語でコミュニケーションするために開発されたものであり、音声言語を代替するコミュニケーション手段として使用されています。

(2) サウンズアンドシンボルズ

オーストラリアのB.Breretonらを中心に考案されたシンボルによるコミュニケーションの方法です。主な対象は、脳性マヒによる重度構音障害のため発話が困難な人たちです。シンボリックな三二種類のシンボルが配列されているボードを使用します。一つのシンボルが、関連するいくつもの意味で使用されます。たとえば、車輪のシンボルが、自動車、自転車、三輪車を意味したり、どこかへ〝行く〟〝ドライブする〟などと用いられることもあります。

(3) PCS

正式名称は「the Picture Communication Symbols」です。アメリカのMayer-Johnsonが制作したシンボルで、一九八一年から販売されて世界的に普及しています。カラーで描かれたイラストに近い絵柄が特徴です。一つのシンボルが一つの単語の意

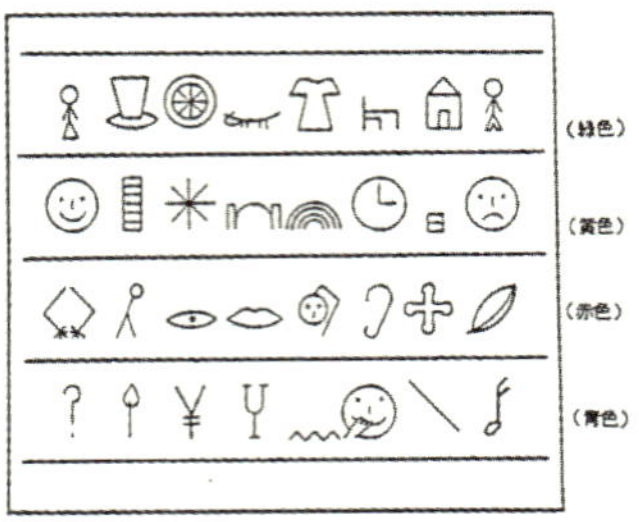

サウンズ　アンド　シンボルズ

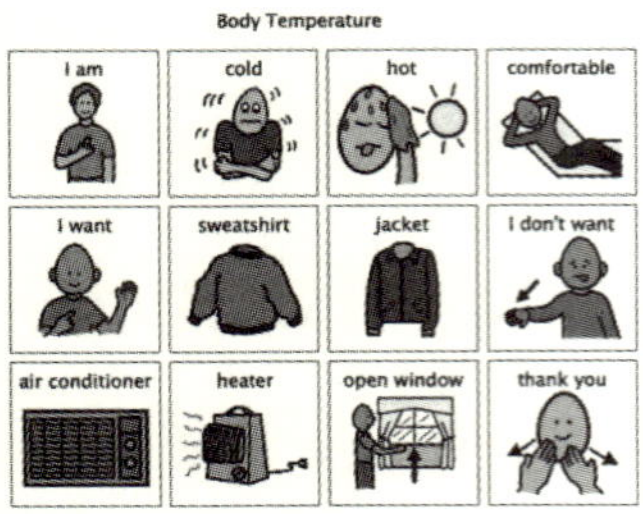

出典　ボードメーカー

味を表し、現在五〇〇〇語以上で構成されています。

（4）PVT―R絵画語い発達検査

正式名称「Picture Vocabulary Test-Revised」

「語いの理解力」の発達度を、四つの絵の中から、検査者の言う単語に最もふさわしい絵を選択させる方法で調べます。

（5）スウェーデンでは、言語体系としての語彙の多さや文法的使用という手話の条件がそろわなくても、手指の動きが手話単語と同じであれば、手話の使用と言います。そのためスウェーデンの報告に関する部分は、「手話」ということばを使用します。

引用文献

The America Speech-Language-Hearing Association（1989）“Competencies for speech language pathologists providing services in augmentative communication.” Asha, 31

The America Speech-Language-Hearing Association（1991）“Report: Augumentative and Alternative Communication.” Asha, 33

高橋雅延（2003）「視覚シンボルと現代社会」清水寛之（編）、『視覚シンボルの心理学』ブレーン出版、65－84。

Eugene, T. Mcdonald, Ed.d.（1980）*Teaching and Using Blissymbolics*.

広川律子・吉田くすほみ（1985）『サウンズアンドシンボルズ』南大阪療育園。

中邑賢龍・高橋ヒロ子・岡本華子・篠崎あずみ（1997）ピクチャー・コミュニケーション・シンボル。アクセスインターナショナル。

日本工業標準調査会（2005）『コミュニケーション支援用絵記号デザイン原則』日本規格協会。

藤澤和子（2004）「コミュニケーション支援用絵記号の標準化について―意義と課題」発達人間学論叢（大阪教育大学発達人間学講座）、7、51－59。

藤澤和子（2011）『視覚シンボルによるコミュニケーション支援に関する研究─日本版ＰＩＣの開発と活用を通して』風間書房。
Maharaj, S. C.（1980）*Pictogram Ideogram Communication.* The George Reed Foundation for the Handicapped, Regina, Saskatchewan.
藤澤和子・槇場政晴（2006）ピクトプリントver.3.0、コムフレンド。
Fujisawa, K, Kobayashi, Yoshida, K & Onko（2012）“Developing a pictogram-based emergency communication board for handicapped people who are unable to communicate,” ISAAC（International society for Augmentative and Alternative Communication, Pittsburgh).
是永かなこ・藤本明菜（2008）「スウェーデンの知的障害学校における手話の活用─オレショーストーレゴード知的障害特別学校の訪問調査から─」高知大学学術研究報告第57号、pp.1-7
Irene Johansson（1987）*Structural Similarities in Sign and Spoken Language*
日本マカトン協会（1997）『日本版マカトンシンボル集』旭出学園教育研究所。
松田祥子監修、磯部美也子編著（2008）『マカトン法への招待』日本マカトン協会。
冷水來生・藤澤和子・槇場政晴（2006）「手話を使用した言語発達遅滞児のコミュニケーション指導について─ケース報告」京都教育大学研究紀要１０９、51－56。
Kerstin Falck（1995）*Alternativ Kommunikation,* SIH Läromendel Umeaå
Anita Johansson（1995）*Handalfabetsboken,* SIH Läromendel Umeaå
藤澤和子・岡田さゆり・槇場政晴（2007）『あそんで・つくって・コミュニケーション：ＰＩＣシンボルとＪＩＳ絵記号を使った特別支援教育のための教材集』エンパワメント研究所。
岡田さゆり（2001）「聴覚障害をもつ幼児とわかりあうために」藤澤和子（編）『視覚シンボルでコミュニケーション：日本版ＰＩＣ活用編』148-157、ブレーン出版。

身振りから手話へ、音声から音声語へ　第5回

髙田　英一

【コミュニケーションの発展】（第1部）

第4章　歴史を遡る

第5節　カッパドキア

チャタルホユックに近接して世界遺産に指定された観光地としても有名な、トルコのカッパドキア（図2）を見てみます。

「カッパドキアは数百万年前に周辺にあるエルジィエス山（三九一七メートル）、ハッサン山（三二六八メートル）など周辺の山が繰り返して噴火したことで、カッパドキア地方に火山灰、溶岩などが五〇メートルほど降り積もり、広い範囲にわたって玄武岩や凝灰岩岩石地帯を形成した」「この地方にもたらす風雪と雨水の浸食、寒暖差の激しさがふしぎな形に岩を削り、カッパドキアの奇観を造りあげた」（注3　p16）といいます。

奇岩が林立するカッパドキアの独特の景観は、その奇岩の内部に穿たれた初期キリスト教（紀元後一世紀前半）に使用された教会跡やそこに彫られた彫刻、描かれた壁画とともに世界遺産に登録され、トルコ観光の中心的存在となっています。筆者もカッパドキアに行きましたがその観光ポイントは洞窟内の教会跡、彫刻、絵画や、洞窟を利用した近代的なレストランでした。岩といっても、火山灰が堆積した柔らかく掘りやすい凝灰岩なので彫ったり掘ったり、加工することは容易です。

しかし、人間が関わったカッパドキアの歴史は、そうした初期キリスト教時代が最初ではありません。カッパドキア地方は西アジア有数の黒曜石の産地であり、カッパドキア産の黒曜石は新石器時代に遡って遥かパレスチナまでもたらされています。このことからカッパドキアはチャタルホユックとならび、中央アナトリア新石器時代の重要な遺跡として知られています。

「カッパドキア地方を含む中央アナトリアの考古学調査は二〇世紀初頭に始められた。（中略）一九世紀後半、ヨーロッパ市場に三〇〇〇枚という膨大な量の粘土板文書が出回り、それがどうも中央アナトリアらしいという話で、それらは『カッパドキァ文書』と呼ばれ多くの研究者、冒険家をカッパドキアに向かわせたのである」（注3　p99）。しかし、不思議なことにどの研究者、冒険家も『カッパドキア文書』どころか遺跡そのものも発見できなかったのです。

その後、大村幸弘（注3の著者）の調査によると、「カッパドキア」というのは、今日いわれているカッパドキアとは地理的な違いがあって、かつては黒海海岸からタウルス山脈までの広大な地域を含んだ時代があることが分かりました。そこで、範囲を広げて調査するとカッパドキアの周辺部には多くのホユック（遺跡）が発見されるが、現在のカッパドキアの内側ではホユックが極端に減ることに気づきました。しかも、観光対象になっていない奇岩洞窟内の聖堂や修道院の入口は比較的盛り上がっていて、外部から容易に入れないことに気がつきます。そのことから聖堂を造った人びとが、既に掘ってある洞窟の中を掘り広げて、その残土を外部に出しているうちにだんだん盛り上がってより広い範囲で丘ができたと考えました。そこで丘の周辺を見て回ると紀元前三千年紀の土器片などが見つかったそうです。もっと正確に調査するとカッパドキアの歴史は大きく遡ると思われます。それはチャタルホユックに先立つ先史時代の洞窟住居かもしれません。

アナトリアはラスコー洞窟群からメソポタミア、エジプト、さらにインド、中国、そしてシベリアを経てアメリカにいたる広大な人類拡散の回廊入口と考えてよいでしょう。ラスコー洞窟壁画の遺産を引き継いだクロマニョン人たちは、この回廊入口を経て世界に散っていったのです。

重要なことはこの時代において、回廊入口となったアナトリアと「肥沃な三日月地帯」が平和な交易や交流が進む地域であったことです。それぞれの部族グループが自由に交流、移動できたのは国家が未成立で国境がなかったことが大きいと思います。それは現代的な文字に先立つ壁画、トークンとブッラなど新石器時代の文物が物語っています。

語彙の大きい定型的なヒエログリフやウルク古拙文字は絵文字です。でもそれが使われるようになったのは国家の成立以後です。それ以前では言語（正確には筆者の分類するイメージ言語）は未発達の段階で、語彙が少ないこともあって地域による差異は少なく、言語的コミュニケーションは各部族で共通性があったと考えられます。それが部族間のコミュニケーションを容易にして平和な交易や交流を可能にしたと考えられます。

文字が生まれ、言語ができることと国家の成立は同義語と考えてよいでしょう。国家の成立は成立に至る争い、やがて国家間の戦争があいつぐ時代の到来を拓いたのです。

第6節　アナトリアに至る道

ラスコー洞窟は、フランスの西南部ドルドーニュ県（首都ボルドー）にあります。同時代のスペインのアルタミラ洞窟とともに先史時代（オーリニャック文化）のクロマニョン人によって描かれたとされています。

ラスコー洞窟群から陸路アナトリアまでは直線でほぼ三〇〇〇㎞の距離があり、アナトリアへの入口にはボスポラス海峡が横たわり、ヨーロッパとアジアを隔てているとされています。ラスコー洞窟群からアナトリアに至るには、イスタンブールを経由しなければなりません。

しかし、実際にイスタンブールに旅行して分かったことは、ヨーロッパとアジアを隔てて横たわるのはマルマラ海です。マルマラ海の一方は地中海のエーゲ海につながるダーダネルス（トルコ名・チャナッカレ）海峡、もう一方、黒海につながるのがボスポラス海峡です。ヨーロッパからアジアに渡るにはダーダネルス海峡とボスポラス海峡、二つの海峡のどちらかを渡る必要がありますが、どちらも対岸が見える狭い海峡なので渡ることは容易でしょう（図7）。ダーダネルス海峡をアジア側に渡るとトロイの木馬で有名なトロイ戦争の遺跡がありますが、今はイリオスの遺跡と命名されています。

シュリーマン（注4）が発掘したこの遺跡は紀元前一四世紀頃に起こったとされるトロイ戦争を示すものと考えられていました。しかし、遺跡は戦争の跡を示すものではなく幾重にも重なった集落跡あるいは城壁跡ということが後に分かりました。しかも、シュリーマンが発掘した第Ⅱ層Gは、紀元前二五〇〇年から紀元前二二〇〇年のものとわかったので、紀元前一四世紀頃に起こったとされるトロイ戦争と時間的に矛盾しています。このようなところからトロイ戦争は史実と相違することが分かりました。第Ⅱ層は、エーゲ海交易によって栄えたと考えられており、トロイア文化ともいうべき独自の文化を持っていました。城壁は切石の下部構造を持ち、入り口は城壁を跨ぐ塔によって防衛されていました。第Ⅱ層の下にある第Ⅰ層すなわち最初の集落は紀元前三二〇〇〇年頃の初期青銅器時代に分類されます。

一方、ボスポラス海峡の両岸がイスタンブールの街で、イスタンブールはボスポラス海峡を二つの橋（二〇一六年八月に新しい橋が架けられたので三本になりました）で繋がれた街です。このイスタンブールも歴史的に古い都市ですが、実は二一世紀初めに考古学者により発見された、紀元前七〇〇〇年に遡る新石器時代の遺物があります。イスタンブールの歴史的な半島には、以前考えられていたよりも前の、ボスポラス海峡が形成される以前（紀元前五六〇〇年頃）から人びとが住んでいたことを示す遺物があるそうです。

ダーダネルス（チャナッカレ）海峡はともかく、ボスポラス海峡は、ヨーロッパからアジアのアナトリアに至る、より近い道として必ず渡らなければなりません。地理的にはラスコー洞窟群からアナトリアに至るには、黒海の北側をウクライナ、ジョージアを経由、東からアナトリアに回り込む道も考えられます。しかし、この経路を示す痕跡はなく、今のところラスコー洞窟群からアナトリアに至る経路はイスタンブールが最も有力です。

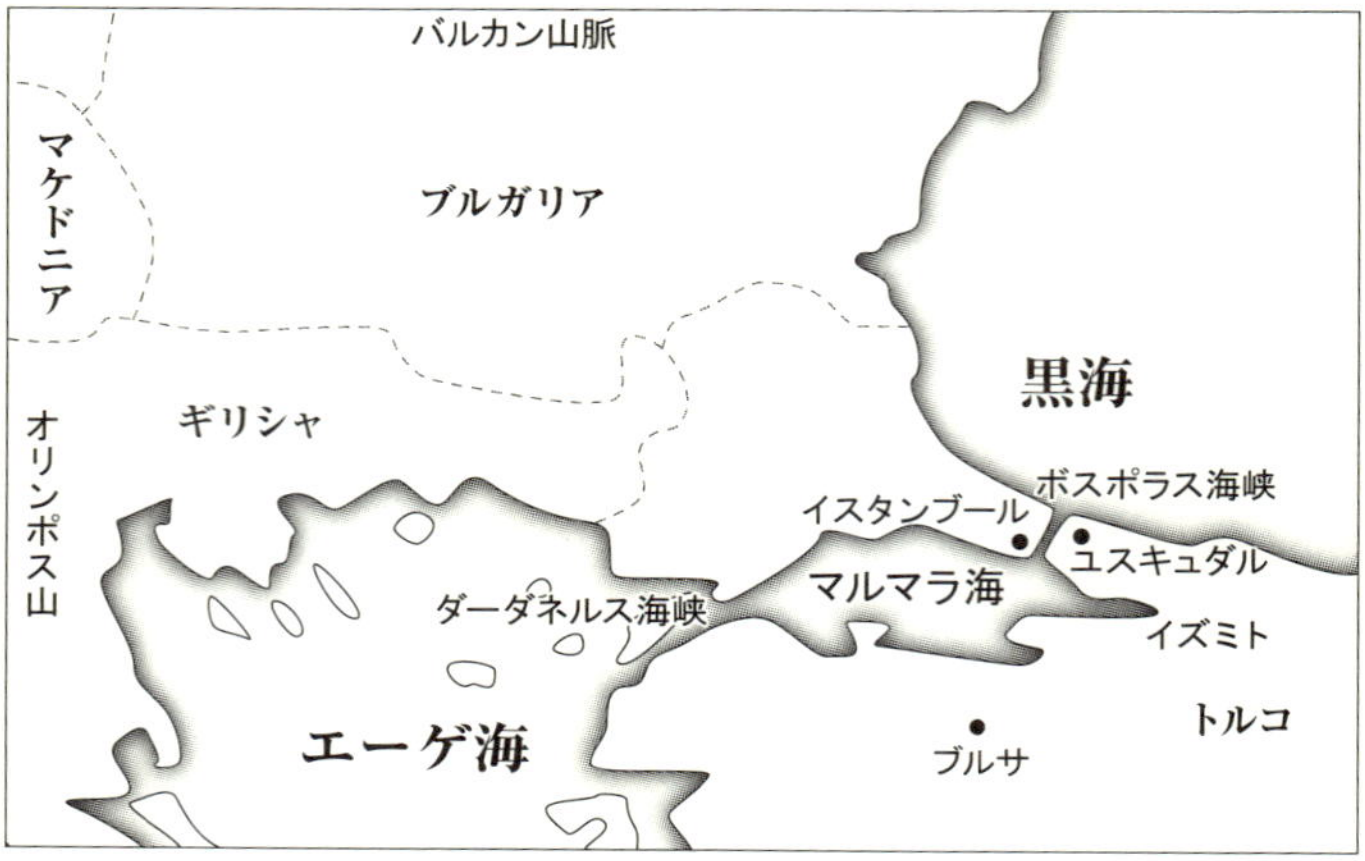

図7　マルマラ海とイスタンブール

第7節　イベリア半島地中海沿岸地域の岩絵

スペイン、イベリア半島のカタロニア州、アンダルシア州、ムルシア州、バレンシア州、アラゴン州、カスティーリャ＝ラ・マンチャ州など六つの州にまたがるスペインの南東部、七〇〇地点以上に、膨大な数の先史時代の岩壁画、岩絵があります。これらの岩絵群はスペインの世界遺産の一つです。

「正確な作製年代は議論の余地があり、おおむね紀元前八〇〇〇年頃から前三五〇〇年頃の作品とされている。洞窟壁画の一種ではあるが、自然光がさしこむ範囲に描かれているものが多い点で、他の多くの洞窟壁画と異なっている。岩絵群は染料などで彩色されたものが多いが、単な

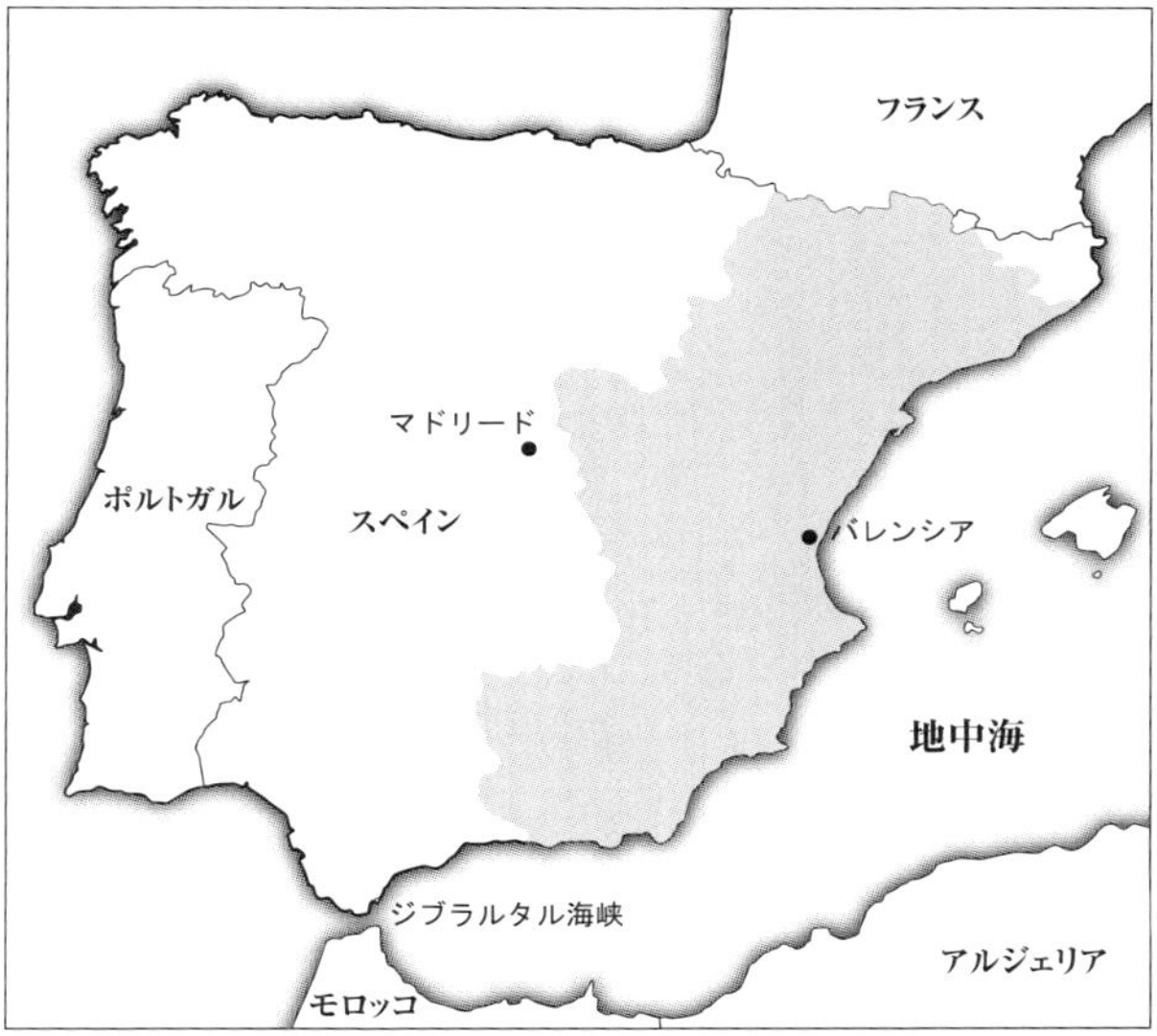

図８　岩絵の発見されたイベリア半島地中海沿岸地域（ウス墨で示した部分）

図９　イベリア半島地中海沿岸地域の岩絵（写真提供　スペイン政府観光局）

る線刻画もある。絵のサイズは数十センチ程度のものばかりで、他の世界遺産に登録されている岩絵群と比べても小さめである。描かれているのは狩猟採集社会から農耕社会への過渡的な時期に描かれた貴重な証言。（中略）。狩猟採集生活を行う人々や動物などで、生活の様々な様子が活写されている点にも特色がある」（ウィキペディア・フリー百科事典）。

これらは時間的にみると一万五〇〇〇年前のラスコー洞窟群等壁画に続くもので、地域的にもラスコー洞窟群と接近しています。

この岩絵群をラスコー洞窟壁画と比較すると事物模写という点は同じですが、形態的には小型化と絵画化の進行があり、反面同じ絵が揃うなど量産化の傾向があります。それは絵画と文字と二つの方向の発展経路上にあるといえますが、それ以上の発展は見られず絵画と文字の二つの併存段階に止まっています。

また、この岩絵群はアナトリアのチャタルホユック遺跡壁画とほぼ同じ時期です。時間的には重なっていますが、距離的には大変離れています。これらのことを考えると発起点は同じラスコー洞窟群でも、そこから分かれて別々に拡散した人たちでなかったでしょうか？

岩絵は奥行きの浅い自然の岩窟、岸壁に描かれたもので、岩窟は住居として使用されたと推察できるので、石造の家に壁画のあるチャタルホユックと比較すれば、文化的にはチャタルホユックより遅れています。でも、奇岩の岩窟内に住居があったと推定されるカッパドキアと同じレベルといえます。

彼らはラスコー洞窟、アルタミラ洞窟群から移動してきた人たちでここに住み着き、どこに移動したかは分かりませんが、アナトリアに向かうことはなくその後の消息について情報はありません。

紀元前一五世紀頃から都市国家を形成し、地中海沿岸で活躍したフェニキア人がいます（フェニキアは現在のレバノンあたり）。紀元前一二世紀頃には盛んな海上交易を行って北アフリカからイベリア半島まで進出しました。しかし、同じ地中海沿岸といっても、西側のイベリア半島とは距離的にも大きく離れています。時間的にも五〇〇〇年ほどの開きがあるので、岩絵群に居住していた人たちとフェニキア人には文化的な関係は認められません。

これまで現生人類の系統は遺伝子による同一性あるいは連続性を重点として論じられてきました。それは現生人類の直系祖先を示す確かに有力な物証です。しかし、現生人類に関する限りは遺伝子よりも、文化的同一性あるいは類似性を示す決定的な特徴として言語に注目すべきです。遺伝子的に同じクロマニョン人としても文化的連続性は言語、具体的には文字とそれに先立つ洞窟壁画との関連においてしか証明できません。

要するに現生人類との血統的、文化的な正当性を示すのは言語です。アフリカを出廬《しゅつろ》したイヴの血統はそのほんの一部であり、その一部と現生人類の連続性は文化的問題として言語でしか証明できないと思います。

第8節　文字文明の回廊・アナトリア

さて、「肥沃な三日月地帯」に始まり「チャタルホユック」、「イベリア半島地中海沿岸地域」を紹介してきました。

これまでの説明によって「イベリア半島地中海沿岸地域」「肥沃な三日月地帯」「チャタルホユック」の三地域をラスコー洞窟群壁画文化の継承地、その伝統を継ぐ地域として認められるのではないでしょうか。

これら地域の共通点はほぼ一万年から八〇〇〇年前という時間帯です。文化的には、壁画、岩絵、トークンとブッラという共通点があります。しかし、「イベリア半島地中海沿岸地域」は行き止まりでした。この行き止まりは次のことを説明していると思います。

一つは壁画が文字、正確には文字の前駆として最初の表意文字に到達するため、地理的にはラスコー洞窟からチャタルホユックに至るまでに必要とした時間です。壁画が一万五〇〇〇年前として、一万年前のトークンとブッラに到達するまで五〇〇〇年の歳月がかかったことになります。

筆者は前著『手話からみた言語の起源』において、ラスコー洞窟群からメソポタミアとエジプトの二つの地域に至る分岐点としてアナトリア付近を図示していました。今回の説明はより具体的に、時間として紀元前八〇〇〇年（今から一万年前）、位置としてアナトリアのチャタルホユックを特定できました。そこで次のような判断が可能です。

アナトリアを発して「肥沃な三日月地帯」の西北端にあたるイスラエルから、エジプトは指呼の間にのぞめます。アナトリアから東寄りに南下すれば、メソポタミア文明の発祥地シュメルに至ります。アナトリアからエジプトとシュメルへはほぼ同距離にあります。このことでメソポタミア文明とエジプト文明の原点がアナトリアにあることを説明できます。

二つ目は、クロマニョン人たちはラスコー洞窟から多方面に拡散していきましたが、そのどれもが文字文明を開化させたわけではないということです。

三つ目はアナトリアを回廊として、そこからも多方面に拡散していったことが分かりました。アナトリアを経てエジプトとメソポタミアという二つの地域で文字文明が開花し、続いてヨーロッパ、インドを含むアジア、それからアメリカへと人類と文字が拡散していったことが予測できるということです。

まだ説明できないのが、ラスコー洞窟群からアナトリアへ至る経路です。しかし現在ではラスコー洞窟群とアナトリアを壁画という文化で繋ぐことが重要です。ラスコー洞窟群から拡散したクロマニョン人は、どこででも壁画を発展させることができたわけではありません。それには彼らの居住地域におけるある程度の人口集積と、それを継続的に養うに足る食糧源が必要でした。アナトリア近郊にはそれを満たす条件があったのです。今のところラスコー洞窟壁画は、唯一アナトリアに結実したといえます。

第9節　回廊・アナトリアの言語

当時のアナトリアと「肥沃な三日月地帯」が平和な交易や交流の世界回廊と考えられますが、その当時の言語、またはコミュニケーションがどのようなものだったかを考えると、それを音声語とすることに疑問が残ります。

当時、長期的、客観的な記録、文書に利用された文字に発展する可能性があると考えられるのは壁画あるいはトークンとブッラです。

言語は文字と強固に結びついています。それは日本語の音声が漢字、かな、カタカナ、英語の音声がアルファベットと結びついていることと同じで、文字が変われば音声も変わります。同様に壁画あるいはトークンとブッラと結びついた言語が、音声語であると判断する根拠はありません。むしろ筆者が前著『手話からみた言語の起源』に載せた言語変遷表（p210）にあげたイメージ言語に相当します。そのコミュニケーションは音声と身振りを同時に使うシムコム simultaneous communication（サイマルテニアス・コミュニケーション）という話し方であった可能性が高いのです。

回廊地帯の、交易や交流が可能な地域周辺に居住し、往来する人たちはラスコー洞窟群から移動してきた人たちを中心に、かなり広がった縁戚関係のある人たち、またその子孫たちでした。この段階での言語の特徴はこれまでの動物的コミュニケーションを越えて、対象とする事物、第三者を示す名詞に表れます。それはトークンの刻まれた事物を示す絵文字が示しています。

ラスコー洞窟群の壁画から生まれた壁画言語、アバウトな言語という同質性、また共通性があったので、そのコミュニケーションはかなりスムーズであったと推察されます。もちろんかつての家族、縁戚から分離した時間、それぞれのグループで居住し生活する地域などによる差異はあったでしょう。しかし少なくとも名詞が使われたという一点で、それは『旧約聖書』にいわれるようにバベルの塔以前、世界が同じ言語によってコミュニケーションが図られていた時代と判断できます。

繰り返すようですが、壁画あるいはトークンとブッラが語彙の大きい定型的なヒエログリフやウルク古拙文字に発展するためには、国家による介入が必要でした。国家が成立し、城壁が築かれ民衆をその内部に囲い込み、その内部でそれぞれの国家の制定した文字が使われるようになりました。

国家の成立はとりもなおさず、そのオリジナリティを主張するために、国家独自の言語を必要としたのです。国家ごとの言語成立はそのまま国家間対立に拍車をかけることになりました。それ以前はイメージ言語が広い範囲で使用されていました。それは民族に分化される以前の人類、世界回廊地帯に居住し、往来するクロマニョン人にとって共通性の高い前期言語だったのです。

神を民衆と言い換えれば、バベルの塔とはまさしく国家であり、さらに国家に対する民衆の怒りが理解できるのではないでしょうか？　国家成立以前はすべての民は平等であり、平和であったのです。

神はバベルの塔の建設を怒り、全地の言語を乱したと『旧約聖書』はいいます。

しかし正確には、国家の成立によって、これまで同一であったクロマニョン人が、国家に囲い込まれ民族に分断され、言語が乱されたことを民衆が怒ったというのが史実ではないでしょうか？

（つづく）

（注３）『カッパドキァ』大村幸弘　集英社　二〇〇一年四月二五日

（注４）シュリーマン　ヨハン・ルートヴィヒ・ハインリヒ・ユリウス・シュリーマン（一八二二年一月六日～一八九〇年一二月二六日）ドイツの考古学者、実業家。幼少期に聞かされたギリシア神話に登場する伝説の都市トロイアが実在すると考え、実際にそれを発掘によって実在していたことを証明した。

参考

『手話からみた言語の起源』（文理閣）

連載　ある人生

わが家の系譜

第二回

一般社団法人京都府聴覚障害者協会会長　浅井　ひとみ

7．中学部で

舞鶴分校では隣に接して中学校がありました。その頃、ひらひらする手を鼻に持ってきてバカにされ、差別や偏見もひどく、通学路ではあまり手話を出さないように、隠すようにこそこそ手話を使っていました。ろうの先輩と中学生とが「つんぼ！」「バカ！」「くるくるパー」とけんかする様子もなんどか見ました。

小学一年生から、クラスには知的障害を合わせ持つ生徒と、問題行動の生徒が一人ずついて、手話で話し合い、学び、遊ぶ六人がずっと同じクラスでした。

「わかりますか？」「口を見なさい」という生徒に好かれない先生がけっこう多かったです。先生にとって手話より「口を見なさい」というのは楽な指導方法かもしれませんが、「口を見なかった。あ

んたが悪い」とレッテルを貼られる生徒はたまりません。

授業で先生が「雨はなぜ降る?」と聞き、「聞こえる子どもはなぜ?」と聞くが、みんなは「なぜ?」と聞かないのか、おかしいと怒ります。私はなぜ、「『なぜ?』と聞かなければいけないのか、先生はなぜ怒るのか」と不思議に思ったものです。「なぜ?」を聞かないのは「あんたの考える力が足りないから」という先生は教師失格だと思いました。

分校には手話のできる数人の先生がいて、中学部では水谷光夫先生がその一人でした。水谷先生は教科書よりも今の社会問題を取り上げ、手話で面白く話すのでクラスのみんなも楽しみにしている授業でした。水谷先生とは自由なコミュニケーションが出来て身近に感じて、クラスだけでなく全校生徒の人気ものでした。自分で考え、行動し、考える力が身についたのは手話コミュニケーションのお陰です。

私はみんなより発音が上手なのか「社会に出たら口話が役に立つよ」とよく言われました。でも口を見るだけでは「たまご」と「タバコ」の区別がつかず、まして集団やたくさんの人とのコミュニケーションで口話は役に立たず、人間関係もうまく作れないと思っています。しかし、ろう学校では子どもたちは授業以外に、先輩や友達の手話を見ながら自然と覚えていきます。嫌なことはあっても、休憩時間などでは寄宿舎で一緒に生活する先輩と遊んでもらえるので、自宅より救われた思いです。家へ帰るととても寂しくてやっぱり寄宿舎のほうが楽しいな、寄宿舎に帰りたいなと思ったことがよくあり、寂しいときにはよく歌いました。近所の従弟や友達とも一緒に勉強を見てもらい、自分なりに勉強もしました。そのため先生は私が勉強できるのを不思議に思いますが、それよりなぜ両親が勉強できないのか、先生にわかってもらえずとてもつらかったです。

水谷先生や他の先生からも「わがままを言わず、両親を大切にして『馬鹿！』と言ってはいけない」と説かれました。私は「何のために生まれてきたのか分からないのに、両親を大切にせよ」と言われると、深い悲しみを呼び起こされました。「両親の勉強ができないのは怠け者だからではない、学校へ行けず、ちゃんと教育を受けられなかったからだ」と言われました。また「ひとみが今勉強も、書くことも、お話もできるのは学校へ行けたからだ。両親を学校に行かさなかった社会が悪い。社会が問題だ」とも言われました。そのときは「社会が問題？」の意味がわからなかったのです。心では自分はこの先死ぬだけだと考えていたので、「いつかはお前にもわかってくるだろう」と言われると嫌になってしまいました。

中学部も終わりの頃、担任が「これからはみんな京都本校の高等部にいくことになる」と言って、将来の希望を聞きました。私が「ろう学校の先生になりたい」と言うと、先生はろう学校の先生になりたい理由を聞きます。

問題行動のある友達は、聞こえない人と聞こえる人の世界を別々に描き、二つの世界を行き来できるように＝を描いた絵がすごく印象に残っています。その友達はいつも他の先生から注意され、怒られますが、怒られると余計に問題行動を起こす手に負えない生徒でした。彼はなぜかわからないが、家は大変な様子だと手話で話すのに、手話を知らない先生は口でお話ししなさいというだけで、彼の苦痛を全くわかろうとしません。だから先生になりたいと思い、「あんたみたいな先生にはなりたくない。子どもの心がわかる先生になりたいのや」と言い張ってしまいました。今思うとよくも水谷先生や他の先生に言えたもんだなと、われながら恥ずかしく思い出します。水谷先生は「今までは聞こえない世界に住んでいたから、聞こえる世界は大変なことを知らないだろう。社会は甘くなく、もっと大変なことがわかる」と言われました。

水谷先生は「本当に先生になるのだったら大学へ行く必要があるが、中学三年の教科書が小学六年では大学は無理」と言われました。ろう学校では口話訓練が中心で教科書の進行は一般学校より三年遅れになります。「難聴の子が頑張って普通高校へ行っているから、ひとみさんも同じ学校へ行くか」と問われ、先生に「どうせなら、行くわ」とひねくれて言いました。その結果、成り行きで難聴先輩のいる学校に行くことになりました。そこからまた苦難の道が始まりました。昭和四六（一九七一）年三月中学部を卒業してクラスのみんなは京都の御室にある本校へと別れて行きました。

8. 普通高校の生活

昭和四六年四月に私立福知山淑徳女子高校へ入学しました。ろう学校の六人だけのクラスと比べると、高校は一クラスに四〇人位でびっしりと机を並べているのにびっくりしました。こんな大勢の生徒とうまくやれるか、と不安が真っ先に頭をよぎりました。

席順はあいうえお順で、私は倉橋だったので後ろの方になり、都合のよい場所と思いました。しかし、担任の田渕先生は、聞こえないので先生の口元

が見えるようにとの配慮で、一番前の真ん中の席に座らせました。でも、ずっと口元を見なくてならず、目をそらしたらわからなくなります。最初は頑張って、一時間目から六時間目までずっと先生の口の動きを追いましたが、読み取るどころか、口元を追うのに精一杯でひどく疲れました。歌を歌うときの口元を見るのとはぜんぜんちがいます。所々は読み取れても、読み取るのに疲れて下を向いたりすると、一瞬にすべてがわからなくなってしまいます。「だめだな」と思うことが増え、「ここへきたのは間違いだった、ろう学校へ行けばよかった」と後悔の日々でした。学校へ行くのは憂鬱ですが休まず通いました。

そんなときに田淵先生が優等生の生徒に「その子に筆談してあげてね」と、「私の隣に座るように」言ってくださいました。私は迷惑をかけては、と気遣うのがいやであまりいい気はしませんでした。席変えのときに、名前も「ひとみ」、生年月日も同じとわかり、「席一緒でもかまわない？」「仲良くしようね！」と優しく語りかけてくれたので、迷惑を気にしながらもとても嬉しかったのです。ひとみさんは「大丈夫よ。役に立てないかもしれないけど、名前が同じだからうれしいし、仲良くしようね」と言ってくれました。

国語は校長先生で、数学、生物、社会などと科目ごとに変わる先生の口元の読み取りに苦労、苦心しました。ときどき、顔をこっちに向け、ページを開き「ここだよ」と指差したり、口をゆっくりと動かしてくれる先生もいました。終わると「分からなかったら職員室に来なさい」と声をかけてくれます。

その他の先生は口が小さく読み取れなかったり、教科書で口元を隠すような先生、だらだら喋る先生、黒板に書いてくれない先生、後の席の方へ喋りながら歩く先生など、嫌な先生も多く、下を向いて目を瞑ったりしますが、涙のこぼれるときが増えました。田淵先生が分からなかったら「職員室へきてね、黙っていないでね」と気遣ってくれましたが、「迷惑をかけては」と憂鬱になって職員室への足は遠ざかりました。

隣のひとみさんは、筆談で「私もあの先生が嫌やしね、合わない先生はほっといて気にせんでもよいよ」とよく慰めてくれました。そんなときは嬉しいと思う反面、同情なのか、迷惑かけてないかと葛藤の毎日でした。

授業中、みんなが笑うのに、何を笑っているのか分からなくて自分だけ笑えず下を向くか、みんなが笑うと自分もごまかして笑うなど、笑い声を聞くたびに苦痛を感じます。補聴器で声や音を聞くのはうるさく落ち着かず、精神的にも参るので授業中外したり、スイッチを切りますが、それはそれで孤独感にさいなまれました。

「先生のお話は聞こえますか?」と聞かれるときがあります。みんなは私が補聴器をつけていると聞こえると思っているようですが、本当は言葉がはっきりと聞き取れません。名前を呼ばれても聞こえないことがあり、「補聴器をつけてないの?」と言われてしまいます。

私を気遣う先生が補聴器をつけていないことに気付かれ、つけていないことがばれてしまうときがありました。校則が厳しくて、髪の毛を肩に当てないようくくることがルールなので、私の耳を見る先生によって、補聴器をはめていないことがすぐ分かります。このまま、この学校を続けてもよいのかと葛藤の日々でした。

その頃、ろう学校舞鶴分校中学部時代に、高野小学校と合同交流会の取り組みがありました。「聞こえない子どもたちと手をつないだらうつる！」と聞こえる子どもが言ったことから、分校と高野小学校の合同取り組みが始まったのです。交流会の後で聞こえる子どもたちは、聞こえないことはうつらないとわかったと言います。このすばらしい取り組みの話で「この子達はこの体験できっとよい大人になっていく」と思いました。この取り組みを見学した後、手紙を書いて送りました。私の楽しかった、ろう学校中学部在学時代を振り返って「明るく楽しかった私がすっかり自信を失い、勇気もなくなり、自分が嫌いになった」という内容です。でも、高野小学校のみなさんから励ましのお手紙をもらって、元気づけられたことを知らせました。

ひとみさんの手助けのおかげもあって一年間を無事に終えました。ひとみさんからも「二年生になっても一緒でいいね」と言ってもらい、田淵先生もひとみさんと一緒のクラスにしてくださいました。

茶髪で長いスカートを履いた、目立つ怖そうな数人のグループがこのクラスにいました。ある日の昼休みに弁当を食べていると、後席からパン袋が私の弁当箱のところに落ちました。後席を振り向くと茶髪の子が「あんた！　つんぼか！　アホか！」と読み取れることを言ってきましたが、黙ってパン袋をよけて弁当を食べました。隣の席のひとみさんが、後で茶髪の子たちと話し合っていたようでした。

次の日の朝、茶髪の子から「昨日はごめんね！」と手を合わせて言われました。「なんで耳が聞こえないの？　どうやってお話するの？」などゆっくりと話しかけてくれました。そのとき「友達になってもいい？」と言われ、最初は疑いましたがとても嬉しかったのです。その子はじゅんさんで、ひとみさんも一緒にじゅんさんのグループに入りました。田淵先生がすごく心配して、グループに入らないようにと言われました。「なんで友達になったらあかんのか？」とじゅんさんたちは怒って、突っかかりましたが先生はだまって見守ってくれたようです。

いつしか、ひとみさんだけではなく、じゅんさんなどみんなで代わりばんこに「ひとみさんの耳代わりをしてあげるね」と言われました。じゅんさんはいつも、授業中に顔をうつぶせにして先生から注意される生徒でしたが、私のために「耳代わりをしてあげるからね。迷惑とは一回も思わないからね」とずっと代わりばんこに筆談したり、話しかけてくれました。

自分は「頭悪いから、テストはいつも0点だし」「手話や指文字を覚えたらテストのときにカンニングが出来るの？」と笑って話しかけてくれ、実際に指文字を使ってもカンニングは無理と笑ってしまいましたが、面白い子だと思いました。心から笑える友達ってうれしくなりました。

ある日の授業中、家庭科の先生がラジカセを持ってきて「みなさん、今から静かに聞いてください。これからあなた達が将来におかあさんになるため……」と語り始めたとき、じゅんさんから真っ先に「ひとみさんは聞こえない。どうするの？」と突っかかりました。先生は怒ってそのまま、ラジカセを持って教室から出て行きました。「あの先生はアホや、気にせんでもいい、泣かんといてね」と言ってくれました。こんなことしていいのかなと思いましたが、後で友達と一緒に校長室に呼ばれました。

一年の音楽の時間には「歌を歌えないのなら歌わなくてもいい」と言われて、いつも黙っていました。二年生になっても同じように黙っていると、グループは私が歌えないことを知って「見るにつらいから」と言って、みんな歌わないで黙っていました。私から「自分だけやし、なにも同情しなくてもいい、みんなは歌っていいよ」と言ったら、「みんなと一緒や」「つらいときにはみんなで泣くし。楽しいときにはみんなで笑うんや」と逆に怒られてしまいました。

音楽で歌を歌うテストがあり、私はいつもの特例でしたが、友達が「おかしいや！一緒に歌う練習をしょうよ！」と、ピアノが引ける友達と一緒に歌う練習をしました。一番歌いやすい曲を選んで、リズム感覚を覚えながら歌いましたが、リズムが合わないので繰り返し、練習をしました。

順番が回ってきたときにじゅんさんが「ひとみさんは歌えるんや！」というと、校長先生の奥さんで、ずっと嫌いな音楽の先生は疑うように私を見ました。でも、練習したおかげで歌えました。「何か本当に……嬉しくて・嬉しくて・たまらぬような……鳥の声…」という「春のシャンソン」でしたが、自分の声がどんな声かは知らないけれど、みんなの励ましのお陰で思い出の曲になりました。

「ひとみさん、泣いたらだめよ！　笑ってよ！　笑っているひとみさんの顔が好きよ！」といつも励まされる方が、勉強の時間よりも多かったように思います。

ある日、何故かはわからなかったが、みんな授業を抜けて学校の裏山へ集まりました。最初は分からなかったのですが、一人の友達が泣いて死にたいというのを、みんなで話し合っていたのです。「私も死にたい！」と言いました。

みんなが「ひとみさんは絶対に死んではだめよ。ひとみさんの周りには悲しむか、泣く人がいっぱいいるよ。私らはごみクズだから誰も泣いてくれない。みんな笑うだけや！」というので「ちがうんや」と言い合いました。

じゅんさんが「自分は中学生時にシンナーを吸って捕まったんや。新聞に載った少女Aやしね」と話したとき、たまたま通りかかった社会科の先生に見つかり校長室へ呼ばれました。

あるときにじゅんさんらから、「校内放送が校長室へきてください。と呼んでいる」と言われ、「何があったの」とみんなが心配してくれました。

校長先生は国語の担当で、口の動きに癖があって読み取りにくい口元でしたが、「国語のとき書いた作文、『健康について』を国語のテストに使いたいがよろしいか」と聞かれてびっくりしました。「みんなは感想を書くのであなたは書かなくてもよい」とも言われました。教室に戻ると「どうした？　何があったん？」みんなが心配して待っていました。私は「いや、内緒」というと「校長先生はひとみさんがひいきや！」と笑って冷やかされました。

国語テストで私の作文が使われたことに友達が気づきました。「エー！　ひとみさんは書かなくてもいいって！　ずるいな」。とみんなで笑い合い「校長先生に呼ばれたことはこの事か？」とテスト時間中で目と目の会話でした。面白い事にじゅんさんは手話に興味を持って、授業中も手話の本を開いては夢中で手話を覚えようとしていました。先生から何度も注意されましたが、じゅんさんは「ひとみさんのために覚えるんや」とはねつけました。

田淵先生はようやく、グループが私を支えてくれている事をわかってくれたようで、じゅんさん達に感謝の言葉をかけたようでした。グループは「とてもうれしくてみんな仲良く、しようね」と、留年を心配していた友達も一緒に三年生へと上がれました。

グループの友達にはそれぞれの事情があることがわかりました。「ひとみさんは絶対に死んではだめだ」。グループの都合が悪いときは私を呼ばないので、「なんで私、入れないの？」と聞いたことがありました。「ひとみさんは悪いことをしてはいけないからな！……」と黙って外されたり、友達が学校に来ないときはみんなで心配し合ったりしました。

9．両丹ろうあ協会との出会い

高校三年の頃に両丹ろうあ協会のボウリング大会に誘われました。そこにはろう学校寄宿舎でかわいがって遊んでもらった難波学司、導代さん兄妹や槻瀬まつ枝さんなど、たくさんの先輩がいました。また、当時は手話通訳者について知識も情報もなかったのですが、綾部市の手話通訳者、小出新一さんと初対面、「お兄さんみたい」とあこがれました。

高校の頃から、友人宅での泊まりが増えました。家では両親のけんかが絶えず、父はしまいには母に包丁を突きつけたり、「死ぬ」と言ったりしていました。でも、私は父が悪いと思わず、むしろ母が悪いと思っていました。なぜなら母はすぐに家を飛び出し、おじさんに助けを求めるので、おじさんがすぐに父を殴ってしまうからです。両親の喧嘩のたびに、私は「もう家族

ではない！」と思い、「大学に行くのは到底無理、自分はバカだった、どうとでもなれ！」と思いました。

この世の中で両親が聞こえないのは自分だけだと思い、自分と周りが違いすぎるので、生きるより死んだ方がましだと思うようになっていきました。将来に絶望を覚え、「いつかは死のう」とばかり考えて生きていました。両親が嫌でたまらなくなり、苦しく、寂しく、つらくて死を憧れましたが、両親に話しても分からないので家出して、しばらくはじゅんさんの家に隠れました。親戚は警察に捜索願を出したそうです。「自分はろう学校へ行くべきだったな」と苦悩し、じゅんさんたちに打ち明けました。じゅんさんの母親が優しく、「親が心配しているよ。帰りましょう」と言ってくれましたが、しばらく籠りました。とうとう親戚が迎えに来て連れ帰されました。

みんなは「役にも、力にもなってあげられなくて、苦しめてごめんね！ ひとみさんがろう学校へ行くのが一番よいんだったら、それがいいかもしれないね。でもさみしい。もう少しみんなで一緒に卒業まで頑張ろう。ひとみさんがいたから、いろいろと教えてもらったし。みんな頑張れたし、ありがとうよ」と涙しながら言い合ったり、ときには喧嘩もしたり、いつの間にかみんなと一緒に卒業しました。

10. 京都ろうあセンターの巡回相談と就職

その頃、昭和四四（一九六九）年に開所した京都ろうあセンターから五人（明石欽造・大矢暹・野畑晃・戸沢原章さんと後もう一人いたような）が家に来ました。両親と何を話し合ったのかは知りません。わからないまま、私は「何のために来たんか？　両親と話しても伝わらず無駄だ。こっちの気持ちもわからず、見せしめにきたのか」といい気持ちもせず、離れて様子を見ていました。

ろうあセンターが出来て間もなく、府下ろう者の掘り起こしの巡回相談で回っていたのです。北部に聞こえない未就学ろう夫婦と、聞こえない娘がいるという噂を聞いて訪問したことを、後から知りました。後に、明石さんは私のことは「とても冷たい子だな」と思ったと当時を語ってくれて、私は当時のことをはずかしく思いました。

当時の親戚は「大学に行きたいのならお金のことは心配要らない」と言ってくれましたが、私は大学に行くことをあきらめていました。心では二〇歳になったら「死のう」とそればかり考えていました。

田淵先生も舞鶴ろう学校の先生達も困られ、進路指導の足立先生が高校は被服科なので「和裁の仕事か、タイピストの仕事はどう？」と提案されました。どっちでもよかったのですが、手に職があった方が将来おばあさんになっても出来る仕事だということで、和裁に決められたようでした。決定が遅かったために大きな和裁研修所は無理でしたが、ろう者が何人か働いている所であることを後で知りました

京都市右京区太秦にある、小さな和裁研修所へ足立先生と一緒に見学に行き、求人票に「障害者は可」とあることに気付き、「障害者？」、つまり自分に合っているのかなと不思議な出会いの気持

ちでした。面接はやさしそうなまなざしの女社長さんで、終始にこやかに接してくれました。私はずっと黙っていましたが、足立先生が決めてくださいました。

卒業式で喧嘩したり、泣き、笑い、怒ったりして一緒に励ましてくれた友達ともお別れです。「最初はグループに入るな」と言われた田淵先生は、「よく頑張ってくれたね」と私に、「ひとみさんをよく手伝ってくれてありがとうね！」とグループにも、優しい言葉をかけてくれたのでみんなで泣き合いました。

私はみんなにずいぶんと迷惑をかけたなと思いますが、じゅんさん達からは「迷惑とは思っていないよ。ひとみは考えすぎや。気にせんでいい。役に立ってあげなくてごめんな」と言われ、喧嘩の日々も懐かしく感じました。このような友達に支えられ、学べたことは一生の心の財産になりました。

卒業を前に、当時の福知山市ろうあ協会の役員である和久さんという年配のろう者と出会いました。和久さんの家に上がらせてもらったとき、「重荷を負うものは私のもとに来なさい」と神のみことばを貼ってあるのに惹かれていました。「京都市北区にある福音教会には一〇人のろう者の信者がいるのでそこへ行けばよい」と和久さんに薦められ、市内へ越したらもう一度生きてみようと教会へ行こうと考えました。「死にたい」と思っても、後に残される両親の事が頭の中をよぎり、死に切れないからでした。

昭和四八（一九七三）年四月に和裁研修所に入所しました。先輩や和裁研修所の家族と合わせて三〇人位、ろう者は私だけの、家族的な雰囲気の暮らしでした。先輩とペアで買い物から料理まで教わり、食事支度、掃除もすべて当番制でした。

ほとんどのコミュニケーションは口話か筆談か、ときどき身振りまたは簡単な手話でした。「手話を教えてほしい」と言う友達もいましたが、「手話はみっともない」と言われ続けて育った私は、手話を堂々と表現出来ず、手話を教える自信もありませんでした。社長さんはみんなに「奥さん」と呼ばれ、奥さんの下が先生で、私のことを気遣いながら「待ってね」と言われました。それは先生がいっせいに生徒を指導しても私には分からないためです。みんなの指導が終わった後、私一人が先生にマンツーマンで教えてもらうことが多かったように思います。「国家試験もあり、三級まで行ければ二級が取れるし、そして一級を取れたら教師免許になる。聞こえない仲間に教えてあげられるし、頑張ってね」と奥さんから説明され「頑張ろう」と思いました。

奥さんや先生はすごく私をかわいがってくれ、心配もしてくれました。入所した五月の連休にはみんな一斉に帰省します。私には帰省する気持ちもなくて「寮にいます」と奥さんにいうと、「だめよ。ご両親も心配するから一泊でもよいから帰ってきなさい」と言われました。しぶしぶ帰省しましたが、両親と絶縁しようと思っていたのですぐに寮に戻りました。

毎日曜日には教会へ礼拝に通い、まもなく洗礼を受けました。寮の友達はそれぞれ遊びに出かけるので、聞こえる人は自由でいいなと思いました。宝塚ファンもいて毎日曜の朝早くに出かけますが、なんで女同士がファンになって楽しいのかと興味がなかったものでした。友達から「一回でもいいから、絶対にほれるよ」と誘われて見に行くと、すごい数の女性ファンに驚きました。そのうちすごい舞台に圧倒され、はまってしまいそうになりました。みんなから「あんたは誰が好き?」と聞かれて「高倉健」と言ったら、「えっー!」と何故か笑われてしまいました。

11. 運命の出会い

教会に通いはじめて一年半、洗礼を受けた後の頃、あるろう青年と出会い「神様に祈って幸せになれるか、バカ!」と言われ、訳も分からずに千本北大路の古ぼけたろうあセンターへ案内されました。そのとき、高校時代家に来られた大矢さんと明石さんに出会いました。二人ともびっくりされ、「今は何をやっているのか?」と聞かれたので、和裁をしていることを話しました。大矢さんに「普通の会社で働いた方がいい、活動が出来ないからね」と言われたときは、なぜ「活動」なのかはわかりませんでした。

明石さんからも「京都に来て会えるかと思っていたが、会えなかったがどうしていたの」と聞かれましたが何も言えませんでした。二階へ上がった途端に、ヒラヒラと花が開いたような手話がすごく鮮明で、印象に残りました。それが人生最初の大きなカルチャーショックでした。誰が聞こえる人で、誰が聞こえない人か区別出来ない光景でした。「差別」、「権利」と手話が飛び交いますが、その言葉も衝撃的で目に焼きつきました。今、自分が苦悩していることがちっぽけなことで、恥ずかしくさえ感じました。人の目を気にせずに、堂々と手話をすることは田舎では到底考えられず、手話は

みっともないという考え方の狭さが分かりました。これがきっかけで教会から遠ざかりました。

和裁仕事を続けながら、協会行事のたびに誘われ、青年部役員まではいかないが、近畿ろう青年討論集会などにも参加、討論のうちに目からうろこが落ちるように思いました。夏は夏山へ、冬はスキーと手話サークルと、ろう青年たちと交わりながら楽しく過ごせるようになりました。自由な生き方、考え方、恋愛観、結婚観、社会問題などを手話で夜遅くまで語り合える仲間ができた、思い出に尽きない日々でした。そこから目覚め、二〇歳になり、自分で縫った晴れ着でろうあ協会の成人式に参加しました。

ある日、カメラをぶら下げたろう男性から「おい、今度の土曜日デート出来るか」といきなり言われました。周りの青年達は「ダメ！　あんなの年齢が離れすぎや、断り」と言われ、急にあんな誘い方も「変なおじさんだな」と思って無視したのが、今の旦那でした。

青年部の行事のたびに彼が付いてくるようになり、「邪魔だ」と思ったら、「おまえは心が冷たいな」と言われました。会うたびに「何がほしい！」と言われ、やっかいな彼に嫌われるようにと、値の張るプレゼントを注文したりしましたが、作戦は失敗してエスカレートしていきました。

彼は一八歳までは聞こえていましたが、山登りのときに転落して、聴覚と記憶の障害者となり、書けない、読めないことを知りました。彼と普通におしゃべりしているだけで、回りからは「あんな人と結婚しない方がよい」など言われました。それまでずっと、独身を貫ぬこうと決心していました。友人、両親、親戚、ろう学校の先生など、周りから彼との結婚に反対されるようになりました。

「あんたなら五指に余る男性がいるのに、なんであんな男か。あんたにはもっとよい人がいるはずよ、年も離れすぎてる、あんな人とは別れなさい、彼に同情するな」と心ない言葉を掛けられました。当たり前のことをしようとしているだけなのに、またしても、苦しむのは自分の定めなのかと葛藤の日々でした。

思い切って別れの手紙を投函すると、彼はすぐ昼休み時間に会社まで来ました。その瞬間に、怒られるとの思いがまず胸をよぎり、友人達は心配してくれました。彼はすごい剣幕で「おれが読めないのを知っているのに、お前は何を書いているんや！　何それ、さようならか？」と「さようなら」の言葉が分かったみたいでした。仕方なく「今夜、いつもの場所で話すから」と言って帰しました。

いつも頑固でこりずな彼を許せず、ひどい喧嘩になりますが、周りに相談相手もいなくて一人で悩みました。しかし彼の会社の社長さんと私の会社の奥さんだけは、「彼はいい人よ」と言ってくれました。

ある日奥さんから、「彼の脳の障害を調べに一緒に病院へ行きましょう」と言われましたが、彼に簡単に「病院へ行こう」とは言えずにずいぶんと悩みました。とうとう決心して彼に話すと「お前は差別するのか？」とまたもすごい剣幕です。私は「ずっと死にたいという思いで生きてきたので結婚はしない。冷たい私だから別れてください」と言っても頑固にあきらめません。「死ぬのなら今から山へ行こう！」と怒るので、「なんで私のことが好きなの？」と聞くと、「横顔の寂しさに惹かれた」と言われました。一瞬「彼となら一緒に生きていけるのかもしれない」と思い、毎回別れるたびに、次はいつに会えるかと、会う日を決めるのが習慣になってしまいました。いつか胸がムカムカして吐きそうな日々が続き、梅干を食べたくなりました。「もしかしたら妊娠かも」と思って、奥さんと近くの婦人科に一緒に行く相談をしていたとき、「ぼくも行く」と彼が同行して、そのまま診察室へ入ってしまいました。

両親、親戚、仲間のことが頭の中をよぎり、生むか、おろすかと考える暇もなく、医師は筆談で「三カ月、おめでとう。結婚する?」と書きました。彼は字が読めず、怒って「何を書いてるんか」と聞きます。「妊娠三カ月、結婚する?」と手話で返すと、彼は即座に「結婚する」と言いました。お腹にはすでに小さな命が宿っていると不思議に感じ、その命のためには生きていかなくてはならないと生む決心をしました。彼はすぐ親戚の家へ私を引っ張って行きました。初めての面会で「妊娠した」と彼からの報告に、親戚のおばさんや兄弟もびっくりされました。初めて会う聞こえない私にみんなが戸惑い、「紙に書いたらわかりますか、ゆっくり口を開けたら分かりますか、聞こえますか」と、気遣いながら筆談で「好きですか?」「結婚しますか?」と○×で話しました。その話し合いの上で、「結婚式をあげましょう」と、おばさんが結婚するまでいろいろと世話してくれました。私の両親や親戚も反対することが分かっていたので、おばさんが「私が責任をもって電話で話すから心配しないでね」と、とても私達を喜んでくれていることがわかりました。

その後、大江のおじさんから「寮生活の管理ができていないのか」などと怒りの電話が入ったことを奥さんから聞きました。しかし奥さんは「大丈夫、私の方から話しておいたし」と親切でした。数日後におじさんから「未熟なくせに……」それだけが印象に残る怒りの手紙が届きました。

奥さんは、だれよりも私の一番の理解者であり、今まで生きて来られた恩人だと、心から感謝しています。

12. 結婚そして出産

昭和五二（一九七七）年一〇月、市内北区の今宮神社で奥さんも参加する、身内だけの妊娠五カ月の結婚式をあげました。倉橋家はあまりよい表情ではなかったけど、浅井家はとても明るく、おめでたい表情でした。私のおじさんと彼のおばさんと話し合い、おばさんが「すべて責任をもちます」と言って名前を「浅井」と換えました。

結婚を機に和裁の住み込みをやめ、アパート暮らしをはじめ、赤ちゃんが生まれるまで家で和裁の内職をしました。奥さんからは「国家二級を受けなくて残念だけど子どもが大きくなったらまた、受けられるので頑張ってね」とやさしい言葉をかけられ、救われた気持ちでした。その頃、活動仲間から「モラル違反」と言われ、活動から身を引き、新しい命と一緒にひっそりと夫婦で生きていこうと決心しました。

「はじめて赤ちゃんを生むのだから実家へ帰省した方がよい」と、彼の親戚から言われて仕方なく帰省しました。予定より一週間早く、最初の羊水が出てから一二時間、初めてのお産の苦しみを味わいました。ちょっぴり大きな三五〇〇グラムの元気な女の子です。おばさんが「トントン」と叩いてみて、赤ちゃんがビクッと小さな拳の手を震わせたの

で、「聞こえてるわ」と喜んでいる様子を母も見ているのに腹が立ち、「聞こえるか、聞こえないかどっちでもよいのに」と思いました。

1LDKのアパート生活で、そのときはまだ手話通訳者を設置していない北区福祉事務所へ用事で寄りました。福祉課で女性職員が筆談で対応、「ろう両親の子は、言葉の発達やコミュニケーションの問題もあるので、保育園に優先的に入れるよ。どう？」と尋ねてくれて、北区の有名な白鳩保育園を教えてくれました。早速ろうあセンターに近い白鳩保育園の見学に寄りました。手話通訳派遣も知らないままの見学でしたが、とてもよい保育園だと印象に残りました。しかし、彼の親戚は「保育園に預けるのはあまり早すぎる、まだ小さいのにかわいそう、もう少し大きくなってからがよい」と反対しました。保母さんは「いつでも遊びにきてよいよ」と言われ、遊びにいくうちに入園しました。

その一年後、二人目の女児が生まれました。福祉事務所の担当者から「もう今のアパート生活では狭くて無理なので、府営住宅の申し込みを」と勧められ、運よく右京区にある府営住宅に入りました。

白鳩保育園が遠くなったので、保母さんから近くの御室保育園を紹介され、そこに二人の娘を通わせることになりました。保育園にろう両親の子が優先的に入られる制度は、全日本ろうあ連盟婦人部の運動の結果と、後から先輩から聞いてびっくりしました。なるほど全国のろうの母親の一番の悩みが子育てだと知りました。

（つづく）

イラスト　浜野秀子（日本手話研究所標準手話確定普及研究部本委員北信越班）

連載　手話とその語源

中国編 2

日本手話研究所（「標準手話確定普及研究部」中国班）

【遊ぶ】

中国地方の「遊ぶ」は、蝶々がヒラヒラ舞う様を表します。

山口と広島では、クロスした親指を左右に二回動かし、岡山と島根は手首を交差させ、開いた手のひらを横向きにヒラヒラさせます。

鳥取は岡山・島根と似ていますが、手のひらは上向きに動かします。

【電車】（広島県・島根県）

電車の菱形パンタグラフ（電車を走らせるための電気を取り込む装置）の形を模して、広島・島根では「電車」を表します。

中国地方でこの形の電車が走っているのは、広島県・島根県・岡山県の三県ですが、岡山では標準手話で表しているそうです。

【駅】（鳥取県）

以前は「汽車」＋「場所」で「駅」を表していましたが、いつのころからか表現が変わり、進路を切り替える分岐器を人力でレバー操作する動きで「駅」を表す手話になったようです。

関東編 1

日本手話研究所（「標準手話確定普及研究部」関東班）

【千葉県】〈凄い〉

親指と人差し指で輪をつくるお金サインで左右に二〜三回程度少し振る。もっと凄いのであれば、長く振ります。

〈説としてですが、驚きで目を大きく見開く仕草からです。〉

【栃木県】〈お洒落〉

手のひらから親指・中指・薬指の指先を鼻先のところから引っ張るように離す。離すと同時に指先をくっつけます。

〈説として、鼻が高く鼻の形がきれいということからです。〉

【群馬県】〈念のため〉

表現方法右手：指文字の「く」の形↓ 指文字の「く」の形にした手を鼻まで持っていき、左から右へとスライドさせるように鼻先を二回こすらせます。

〈例文1〉

A「明日雨が降るらしいよ」↓〈明日〉+〈雨〉+〈らしい〉

B「じゃあ念のために傘を持っていったほうがいいか」↓〈傘〉+〈念のため〉+〈持つ〉+〈良い〉

書評

森壮也・佐々木倫子編『手話を言語と言うのなら』を読んで（ひつじ書房）

全日本ろうあ連盟常任理事・事務局長　久松　三二

二〇一六年末、『手話を言語と言うのなら』（以下、本書）が、ひつじ書房から出ました。本書の執筆者は、森壮也氏、佐々木倫子氏、赤堀仁美氏、岡典栄氏、杉本篤史氏、戸田康之氏、森田明氏、秋山なみ氏、高橋喜美重氏、玉田さとみ氏、木村晴美氏など、言語・教育等それぞれの分野で活躍する錚々《そうそう》たる顔ぶれです。

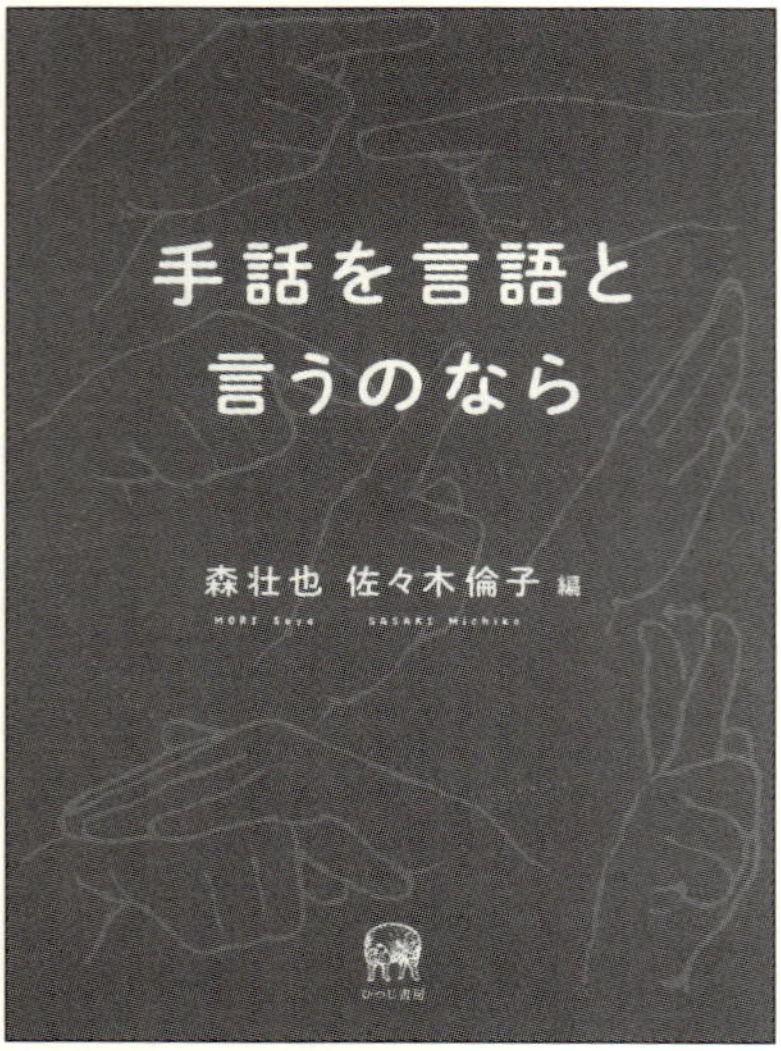

本書では、手話言語条例が全国各地に大きなうねりとなって広がっている現況を憂い、「日本手話」が危機言語化しているという観点から、全日本ろうあ連盟が主導する「日本手話言語法」制定への批判を展開しています。本書には参考になる記述があるものの、言語学や法学の視点で「日本手話」の正当性を主張し、全日本ろうあ連盟の提唱する「手話」言語観を否定する論調になっています。

しかし、本書で展開する批判を読むと、日本手話言語法案に記載している「手話」を「日本手話」に置き換えれば、批判の矛先を収めることになるのではないかと思えるような書き方もしています。

本書を読んでいて、今から三〇年以上も前の季刊『ろうあ運動』三〇号（昭和六一年一月二〇日発行）に高田英一氏が記述した「手話はことばなり」を思い出しました。

当時は米国から流入したトータ

ルコミュニケーションが大変な話題になった中でしたから、正面からトータルコミュニケーションを批判し、「手話」を言語の側面から論じた髙田氏の寄稿に新鮮な刺激を受けました。

　トータルコミュニケーションは日本語のメディア（媒体または手段）を論じることがメインでしたが、髙田氏は日本語とは違う言語としての手話を論じました。メディアではなく、言語というコードを持ち出したのです。

　髙田氏の論文はインパクトがあり、「手話は言語である」という考えがろう者の間で広まりました。そこから「伝統的手話、中間型手話、同時法手話」という、視点で手話を区分するのではなく、手話を言語の視点で論じることの重要性を説いたのです。

　この考え方からすれば、本書が展開している「日本で呼ばれている『手話』には、『日本手話』『手指日本語（日本語対応手話）』『混成手話（中間型手話）』の三種類がある」との記述は、多くのろう者や手話を学ぶ人に誤解を与えるのではないかと思います。

　昔、「手話」は「手真似《てまね》」と呼ばれていました。「手真似」は「みっともないもの」としてろう学校では固く使用を禁止されていました。全国のろう学校卒業生を中心に作られた、地域のろう団体は全日本ろうあ連盟と共に、何十年もの時をかけて「手まね」を「手話」という言葉に置き換え、ろう者の生活言語である「手話」の啓発や普及に多くの犠牲を払いながら努力してきました。

　しかし、多くのろう教育関係者を中心とする「手話」の特性についての説明は、日本語（以下、音声言語）を基準に優劣を論じる主観的傾向が多々ありました。今でもこの傾向は、「手話は日本手話、日本語対応手話、混成手話の三通りあります」と、言い方を変えて引き継がれています。この表面的な分類に固執する限り、「手話」は音声言語とは独立した独自の文法をもつ言語の体系であると、いくら説明しても、手話言語法を批判する人たちには、この説明を受け止め、理解することができないのではないかと思います。

　本書では、「『日本語対応手話』は『日本手話』の話者の立場からでは読み取ることができない手指の動きをしているものである、『日本語対応手話』の普及は『日本手話』の習得や獲得の妨げになる」と述べています。

しかし、日本語を獲得しながら中途で聴力を失い、日本語の音声を聴き取ることができなくなった人は、「手話」は第二言語なので習得は容易ではありません。第一言語として獲得した日本語に再度アクセスするために、日本語を不慣れな手話にして、コミュニケーションを試みようとします。言語権の定義によりますが、日本語にアクセスする動きをみて、その良し悪しを論じるのではなく、その人に必要とする言語へのアクセス権を保障する観点で、論じるのが当然だと思います。

日本のろう者の母語、あるいは生活言語として守られてきた、独立した言語である手話と、聞こえる日本人が母語とする日本語とは、日本の社会では少数言語と多数言語との関係であり、手話が多数言語である日本語の影響を多大に受けているのは事実です。

その影響の度合いを日本語の視点で評価し、その評価に基づいてレッテルを貼ることは、言語権を尊重する、また言語学の求める姿勢ではないと思います。

つまり手話講習会や手話サークルで学んでいる「手話」を「日本語対応手話」と断定するのは行き過ぎであり、ましてや「手話言語法」の「手話」は「日本語対応手話」であると論じるのは論外です。

手話サークルや手話講習会等で「手話」を習っている人の手話表現ですが、多くは日本語の文法に即して手話の単語や語句を「借用」して、日本語を視覚的に表現しようと努力していると思います。

「手話言語」の観点でみれば、文法的な間違いをしている、単に手話の単語を並べている状態であると思いますが、単純に「日本語対応手話」と論じないで、手話を正しく表現するには、この表現が良いよと指摘すればよいのです。

多くの手話講習会の講師は、手話を生活言語とするろう者と会話できるように、言語としての手話を教えています。中には手話をうまく教えることができない、日本語の力を借りて教える人もいるでしょう。それは本書で指摘しているように教育（教授）手法の問題です。現実には、どんな優れた教育（教授）手法を用いても、手話を使うことが日常的でなく、学習環境も整備できなければ、多くのろう者が期待する手話通訳者を育てることは難しいのです。

韓国では「韓国手話言語法」で「韓国手話言語」を規定し、その略語として「韓国手語」を新たに造語しました。中国の「中国手語」と同じです。それまでの韓国では、日本と同じように「韓国手話」「韓国語対応手話」という言葉を使っていましたが、諸外国の手話言語に関する法制度を研究したうえで、「手話」に「言語」をつけて「手話言語」、さらにこれの略称を「手語」として「手話言語法」に採り込みました。韓国の「手話言語法」が新しい時代の先を行っていると強く感じました。

現状としてはまだ「手語通訳者」の数が不足している、「手語で」教育する教員の不足等で多くの課題がありますが、法の制定によって、今後は国の責任で「手語」教育の環境を整備していくことになり、これらの課題は少しずつ解消されていくことになると思います。

これからのわが国は、これまでの「日本には日本手話と日本語対応手話がある」の話から、「言語には手話言語と音声言語がある」、さらに「日本には日本語と日本手話言語がある」に変えていく必要があります。

科学としての言語学に裏付けられた新しい言語観を展開することを願いたいと思います。

トピックス

『わたしたちの手話』その誕生史

日本手話研究所事務局　重田　千輝

『わたしたちの手話』

一九六九（昭和四四）年、一つの本が世に出ています。

様々な手話学習書のさきがけとなる、『わたしたちの手話』（以下、本書）です。

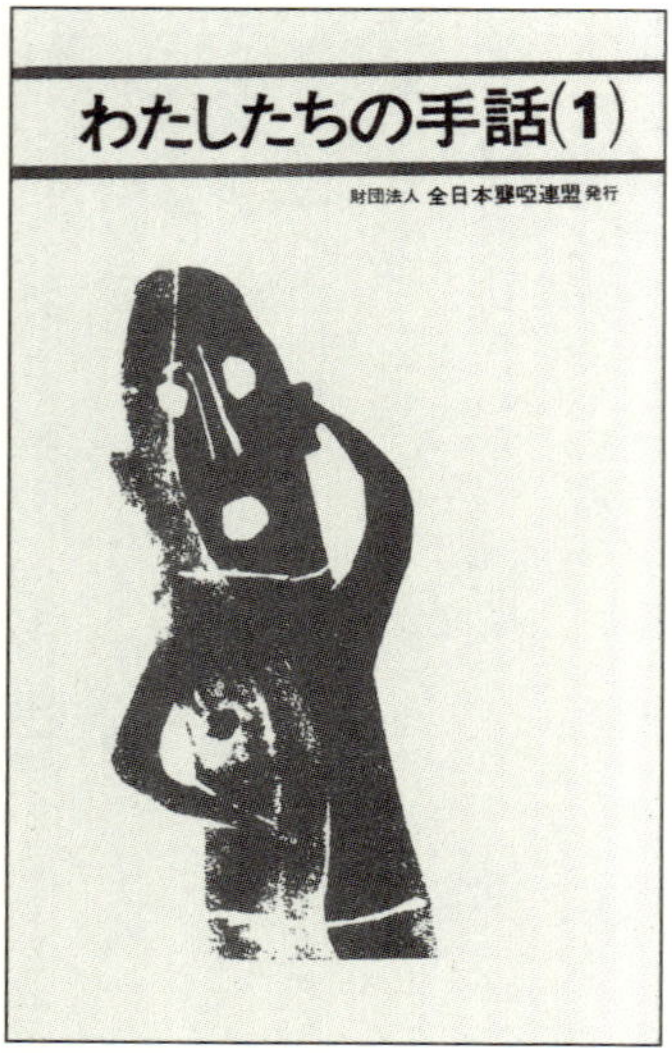

当時、各地のろう者同士の会話では、手話を使ったコミュニケーションが図られていましたが、その手話は地域によって部分的に、具体的には名詞単語などで異なるので、全国共通とはいえなかったようです。

ろう者同士の全国的交流拡大に伴い、講演や会議など公の場での円滑な意思伝達を図るためにも、手話の標準化が必要である―そういう意見が高まってきたなかで、一つの本が発刊されました。それが本書です。

ここでは、本書の発刊に至るまでの経緯と背景を、様々な文献から引用する形で、皆さまにご紹介したいと思います。

社会のうねり

この本が発刊されたその背景には、前述の「標準化を望む」声の他に、ろう者を取り巻く社会に大きな動きがあったことが見逃せません。

①手話サークルと手話学習者の飛躍的な増加

一九六三（昭和三八）年、京都市で全国初の手話サークルとなる「手話学習会　みみずく」が結成され、これを機に各地で手話サークル結成が相次ぎました。

それまで、手話は「手まね」といわれており、日本語より劣った耳の不自由な人のコミュニケーション手段と見られてきました。

しかし、手話サークルや、手話を学ぼうとする聴者の飛躍的な増加によって、手話に対する認識が改まるようになり、手話を教えるろう者の間に、手話を学ぼうとする聴者の間に、手話を学び、教えるテキストを望む声が次第に高まってきます（高田、二〇〇六）。

②ろう運動の発展

一九六〇年代後半は、ろう者が人権意識に目覚め、自らの生活と権利を守る運動を発展させた時代と言われています（小出、二〇〇一）。

例えば、

（1）「蛇ノ目寿司事件」として語られている裁判、また、ろう者の自動車運転免許の取得を目指した、道路交通法違憲裁判の二裁判に対する支援運動の発展、

（2）ろう青年が自ら企画運営し、差別をなくす意識を高めた第一回全国ろうあ青年研究討論会の開催、

（3）ろう者の参政権の保障を目指し、立会演説会に手話通訳を求める運動。

これらは、いずれも一九六〇年代後半に生じた大きな動きです。

このような動きが、全国で、あるいは各地で、ろう者の往来、そして情報交換を頻繁にし、ろう者と聴者を問わず、手話コミュニケーションを活発化して運動を盛り上げていきました。そのなかで、地域による手話の違いが強く意識されるようになり、それは否応なく手話の全国的な標準化を促すものでした（高田、二〇〇六）。

③手話通訳設置に向けた動き

いよいよ『わたしたちの手話』が発行される、その前年となる一九六八（昭和四三）年、福島県で第一七回全国ろうあ者大会と併せて第一回手話通訳会議が開催されました。「ろう者の権利として手話通訳の保障」のテーマが議論される集会となり、全国の聾学校教員、手話通訳者、手話サークルなどの間で連絡が取られ、さらに発展しようとしていました。財団法人全日本聾唖連盟（一九六九）

（現：一般財団法人全日本ろうあ連盟／以下、連盟）は、これを受け、全国で使える手話テキストを組織的に提供することが、緊急の任務であると捉えます。

大崎英夫書記長の躍動

このような機運の中で、一人のキーマンが『わたしたちの手話』刊行に向けた動きを大きく前進させます。当時の副連盟長でもあった大崎英夫書記長です。

当時書記局の一人であった大槻孝氏の記述によると、大崎書記長は、一九六九（昭和四四）年、年頭に開かれた書記局会議で、下の二つの思いから書籍の発行を提案しています。

（1）全国統一手話普及のための資料となる本を作る。

（2）厚生省に陳情した「手話のできる福祉司を！」をもとにして、公務員への手話学習と市民の手話講習会の手話テキストとなるようなものを作りたい。

それまで、連盟には手話に関する出版物が一冊もないような状況でなされたこの提案に対し、「出来る」と思った仲間は多くはなかったようです。それでも、大崎書記長は「今年八月までに発行したい」と、そのビジョンを明確にし、書記局の意思統一を図ります（大槻、一九九八）。

また、厚生省（現：厚生労働省）と協議する中で、「（手話通訳の設置に向けた事業を）昭和四五年度予算に編成する予定なので、その実施に当たって必要な〝手話の手引き〟を早急に作成してほしい」旨を告げられ、昭和四五年度の国予算に計上することを約束したときの窓口も、大崎書記長でした（小畑・田中、二〇一〇）。

「手話法研究委員会」の設置と出版着手

以上のような経緯から、連盟は一九六九年六月八日の常任理事会で「手話の手引き」作成方針を決定して、「手話法研究委員会」（後の日本手話研究所）のメンバーも選任します。六月二九日に開催された第一回委員会において「手話の手引き」は正式に『わたしたちの手話』と命名され、それに掲載する標準手話を検討することとしました。そして編集、出版にあたっての実務は連盟書記局が担当することになります（日本聴力障害新聞、一九六九)。

「手話法研究委員会」
委員長　大家善一郎
委　員　土屋準一、大崎英夫、藤田威、中西喜久司、川島節也、貞広邦彦、大原省三、福島薫、伊東雋祐、北野孝一、板橋正邦

「全日本聾唖連盟書記局」
書記長　大崎英夫
書　記　花田克彦、外山和郎、伊藤政雄、大槻孝、成田勝也、秋山康浩、吉沢昌三

思わぬ波乱

出版の着手、そして体制の始動に至るまで、順風満帆というわけにはいきませんでした。その間、思いも寄らない波乱も巻き起こっています。

出版を決めたものの、必要とされている二〇〇万円ほどの資金を拠出できる財源がなかったので、厚生省から紹介を受け、日本自転車振興会より一七〇万円の補助金を受けることになりました。しかし、これが、思わぬ逆風を生み出してしまいます。

評議会において、「競輪ギャンブル事業団からの協力は良くない」と、予算の出処がこの助成金であることがおおきく問題視され、混乱した様相となりました。大家連盟長も激怒するくらいの事態となり、当時の書記の中には「出版中止になるのではないか」と思うものもいたほどだったそうです。

それでも大崎書記長は諦めず、書記局会議で「発行は予定通り実施するから心配するな」と、若いメンバーがそろっている書記局にハッパをかけ、作業は続行されました(大槻、一九九八)。

激動の九カ月

このような経緯を経ながら編集は進行されましたが、とりわけ実際の作業を担当した関係者の苦労は大変なものがあったようです。ほとんどが昼間はサラリーマンなので、作業に取り掛かれるのが月曜~土曜の夜と日曜のみ。当時はコピー機もワープロもなく、一〇〇%手書きの作業で徹夜が繰り返されたというのですから、その苦

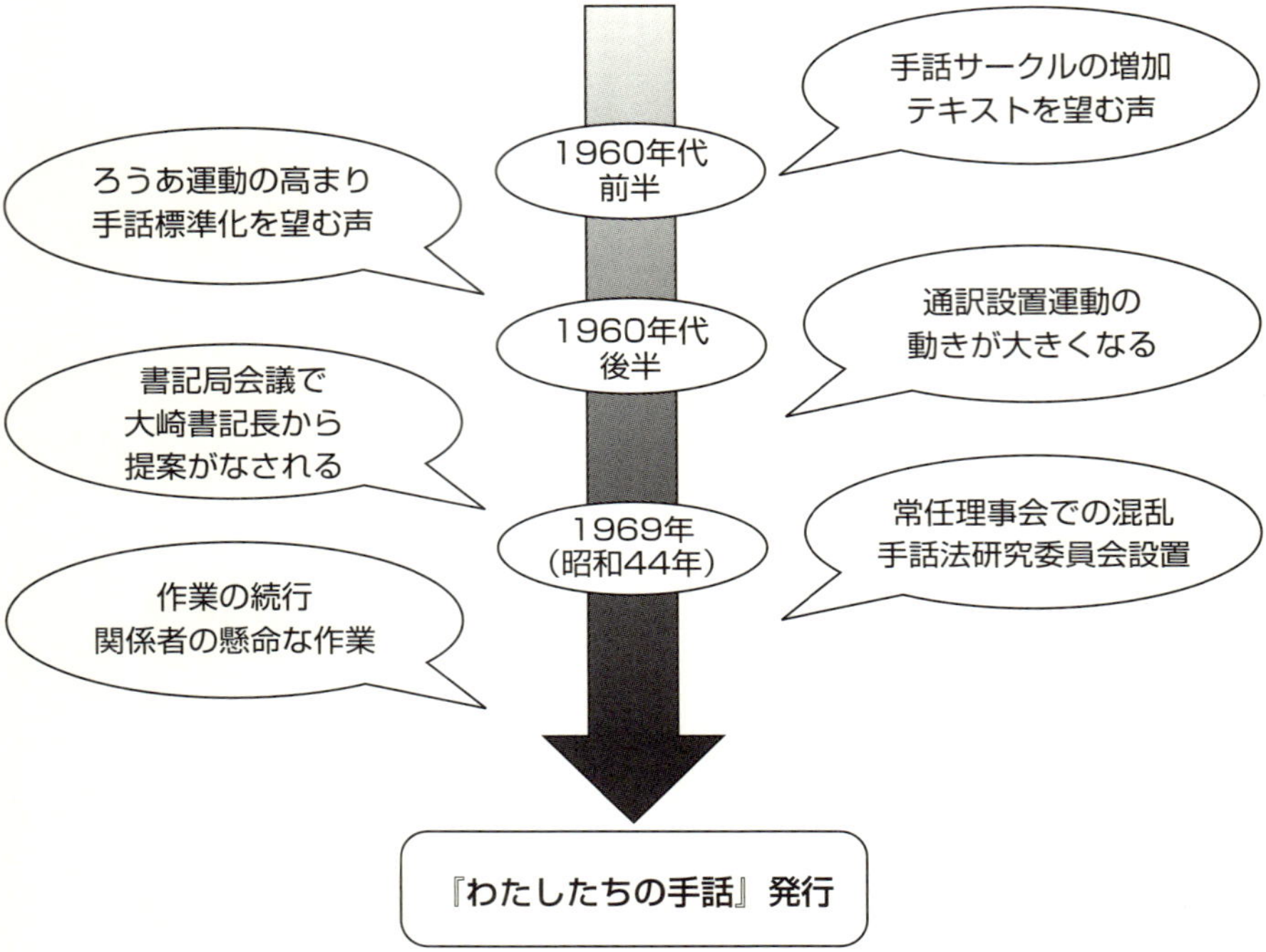

労は想像を絶するものです。

手当はなし（交通費のみ支給）、お盆休みを返上する等、空いている時間は最大限作業に注ぎ込まれ、各方面との交渉、デザイン、版下、写真、イラストなど多岐にわたる作業を分担し、最終チェック時には、入院中の委員のもとにイラストを持ち込んで、チェック作業をするなどの徹底ぶりでした。

正月の書記局会議から波乱の九カ月間、三回の研究委員会と九回の書記局会議を経て、ようやく発行に至ります。多くの方が情熱をかけて生み出した本書は、当時、日本聴力障害新聞が一〇〇〇部前後、他の報告集などが二〇〇〇部位だったのに対し、五〇〇〇部の刊行が決定されています（大槻、一九九八）。

関係者の悲願が達成され、多くの要望に応え、不断の努力の結晶であった『わたしたちの手話』は、一九六九年一〇月二五日に世に出され、イラストを担当した風間勝友氏の軽快な画風も功を奏し、各方面の大きな反響を呼びました。

第一次手話ブームの到来

出来上がった『わたしたちの手話』は大崎書記長が厚生省に持ち込み、予定通り一九七〇（昭和四五）年から開始された、「手話奉仕員養成事業」のテキストとすることを認められました。それから一〇年とたたないうちに、めまぐるしい変化が起きています。

まず、その三年後には手話通訳設置事業が着手されました。一九七四（昭和四九）年にはテレビ静岡で手話通訳付きの番組が制作され、同年には全国規模の手話通訳者組織である「全国手話通訳問題研究会」が発足しました。また、手話サークルの数がさらに増加し、全国各地にくまなくその網目がはりめぐらされました。

その間『わたしたちの手話』も(1)から(5)まで版を重ね、数々の手話を世に紹介していきます。この一〇年間の大きな動向は、後に「第一次手話ブーム」とも呼ばれ（小畑・田中、二〇一〇）、手話の発展に、聴覚障害者福祉の向上に大きな足跡を残しました。

『わたしたちの手話』の意義

本書のタイトル『わたしたちの手話』は、東京教育大学教育学部附属聾学校（現：筑波大学附属聴覚特別支援学校）教諭を長年務められ、全日本ろうあ連盟の要職をも経験された大原省三氏の発案で、そこには「ろう者の手話とは限らず、聞こえる人、子どもも含めて、みんなで使える親しみのあるものを」という願いが込められています（大槻、一九九八）。

これまで手話に関する図書は少なく、あっても聴者主体で作られていました。それに対して『わたしたちの手話』はろう者主体で作られています。ろう者が自ら手掛け、編纂したこの書は、ろう者自身の学習書、全国の手話サークルのテキストとなり、社会に大きな影響を与えています。

刊行から約五〇年近くたったいま、手話は言語であるという認識も広まり、国際的には「国連障害者権利条約」、国内では「改正障害者基本法」において言語と定義づけられました。手話は今やろう者のみならず聴者の間にも普及し、国民的なコミュニケーションの一翼を担うようになっています。

『わたしたちの手話』が目指したものは、「わたしたち」の手話となり、いま、確かな形で表れているのではないでしょうか。

【参考文献】

(1)『五〇年のあゆみ』 大槻孝「わたしたちの手話」初版の頃の思い出（書記の立場からみた行動の記録） 財団法人全日本ろうあ連盟 一九九八年六月一日

(2)『新しい聴覚障害者像を求めて』 小出新一「聴覚障害者の福祉と歴史と今後の展望」財団法人全日本聾唖連盟出版局 二〇〇一年四月五日

(3)『わたしたちの手話』 財団法人全日本聾唖連盟 一九六九年一〇月二五日

(4)『日本聴力障害新聞』№２１８ 財団法人全日本ろうあ連盟出版局 一九六九年七月

(5)『「わたしたちの手話」発行から40年とこれから』 小畑修一・田中保明『資料に見る「手話法研究委員会・日本手話研究所の40年」』 社会福祉法人全国手話研修センター 二〇一〇年四月二九日

(6)『手話コミュニケーション研究(50)』 髙田英一「日本手話研究所の軌跡と展望」 日本手話研究所 二〇〇三年一二月

(7)『手話コミュニケーション研究(59)』 髙田英一「日本手話確定普及研究部」 日本手話研究所 二〇〇六年三月

事務局だより①

●様々なジャンルの手話確定

二〇〇六年度に（一財）全日本ろうあ連盟から、（社福）全国手話研修センターに移管されて以来、一〇年が経過しました。

この間に、様々なジャンルの手話を確定しています。例えば、衆参議院選挙前には、多く使われるであろう「選挙用語」や、裁判員制度開始の際には裁判の中で使われることの多い「法律用語」を確定しました。

これらの用語は、「新しい手話の動画サイト」（http://www.newsigns.jp/）にて、「選挙に係る手話」「刑事裁判に係る法廷用語手話」として特集されています。

これらの他にも、「学校関連の手話」、「聴覚管理の指導に係る手話」、「薬の手話」、「医療用語の手話」、「コピー機関連用語の手話」など、幅広い分野の用語を確定しています。

ウェブサイトに掲載されている様々なジャンルの手話

ジャンル	確定語数	用語例
選挙に係る手話	377語	安保法、伊勢志摩サミット、民泊など
刑事裁判に係る法廷用語手話	85語	正当防衛、責任能力、情状酌量、黙秘権、など
学校関連の手話	33語	在校生、教務、教育課程、など
聴覚管理の指導に係る手話	50語	イヤモールド、装用効果、耳かけ形、など
コピー機関連用語の手話	31語	カートリッジ、インク、トナー、など

●掲載手話例

＜オスプレイＢ＞

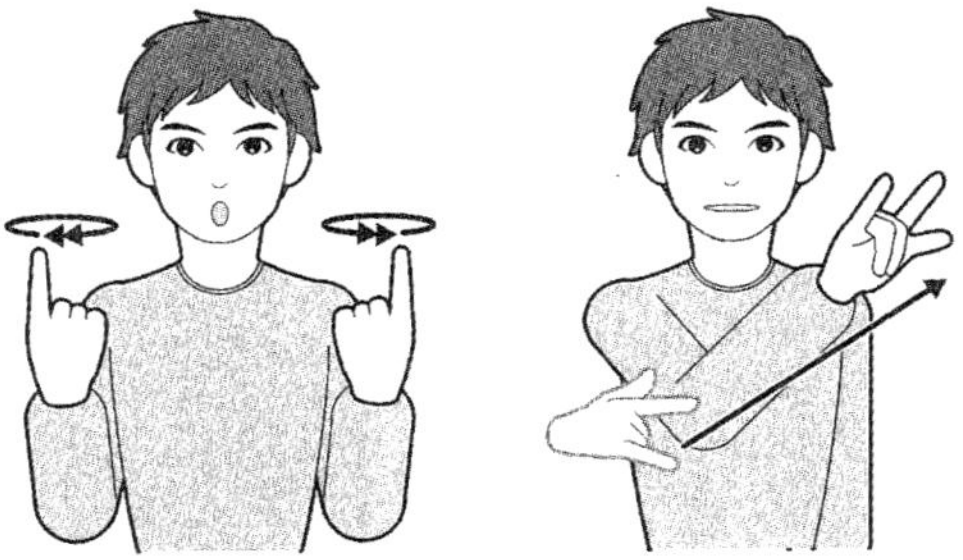

全日本ろうあ連盟発行・
『わたしたちの手話　新しい手話2015』27頁

※沖縄県でオスプレイ問題が生じていた時に、地元で使われていた表現を参考に確定しました。このように、その地域で使われている手話を尊重して、引用することもあります。

＜検察官＞

全日本ろうあ連盟発行
『わたしたちの手話　新しい手話2010』7頁

※これまで混同して表現されがちであった、「警察」と「検察」を、区別できるよう、新たに確定しました。

＜カートリッジ＞

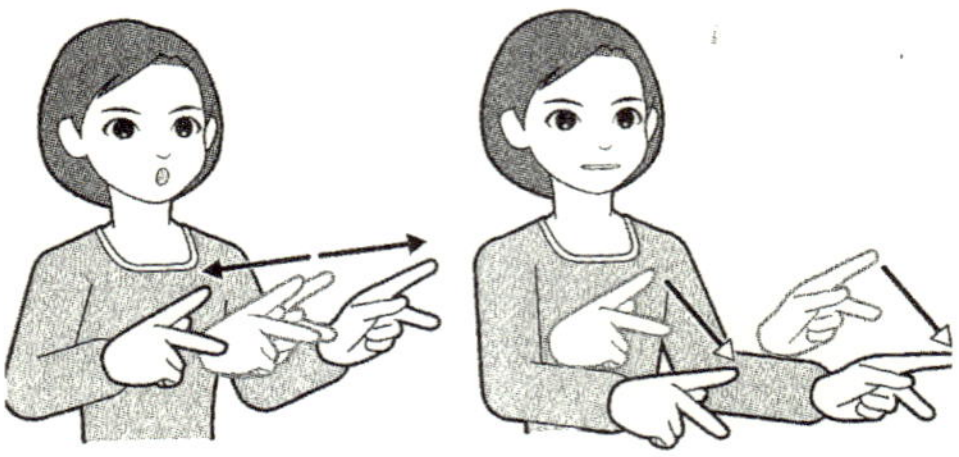

全日本ろうあ連盟発行
『わたしたちの手話　新しい手話2013』84頁

※コピー機メーカー四社それぞれの代表者と共同で、関連用語を一語一語検討しながら確定していきました。

●様々な手話を確定してきて

以上のように、様々なジャンルの手話表現を検討し、確定してきました。その中でも、例えば「選挙に係る用語」や「法廷用語」を確定することにより、選挙や裁判場面で、手話によるスムーズな情報取得や意思疎通に少しでも役立てられたのではないかと思います。

ろう者や手話関係者の皆さまも、これらの手話を積極的に使用していただき、その分野の情報取得や理解深化に活用いただけると幸いです。

確定された一連の手話が、より多くの人びとにとって有用なものとなることを、願ってやみません。

事務局だより②

「標準手話確定普及研究部」二〇一六年度事業活動

標準手話確定普及研究部は、新しく登場する日本語やカタカナ語に対応する新しい手話を創作する（創作手話）とともに、既存手話の慣用句や熟語を発掘して、それに対応する音声日本語を選択する（保存手話）作業をメインとする研究部です。

以下、二〇一六年度の取り組みから、皆さまに紹介したいトピックを取り上げます。

1．参議院選挙用語の確定

二〇一六年夏に実施された「第二四回参議院議員通常選挙」に合わせ、政見放送等で多く使われる用語について手話単語の確定を行いました。〈安保法〉や〈伊勢志摩サミット〉等、二〇一六年にテレビ番組や紙面に多く登場した用語の使われ方を一つ一つ確認していきました。全国九班および本委員会での議論を経て確定された手話は、手話通訳士を対象とする政見放送研修会などで学習され、ろう者の参政権の行使を保障する環境整備に繋がる結果となったと思います。

2．QRコード

（一財）全日本ろうあ連盟発行の『わたしたちの手話２０１７』にQRコードが付記され、日本手話研究所の「新しい手話の動画サイト」とリンクして、掲載単語の手話表現を動画で確認できるようになりました。新しい手話の更なる普及が期待されます。

3．「手話で日本国憲法」公開

二〇一六年八月一日、日本国憲法の前文および一〇三条文を手話に翻訳した動画を視聴できるサイトを公開しました（http://www.jisls.jp/kenpo/）。

読んでわかりにくいと言われている憲法条文を手話に翻訳することで、ろう者の憲法学習の一助となる

例：〈モラルハラスメント〉

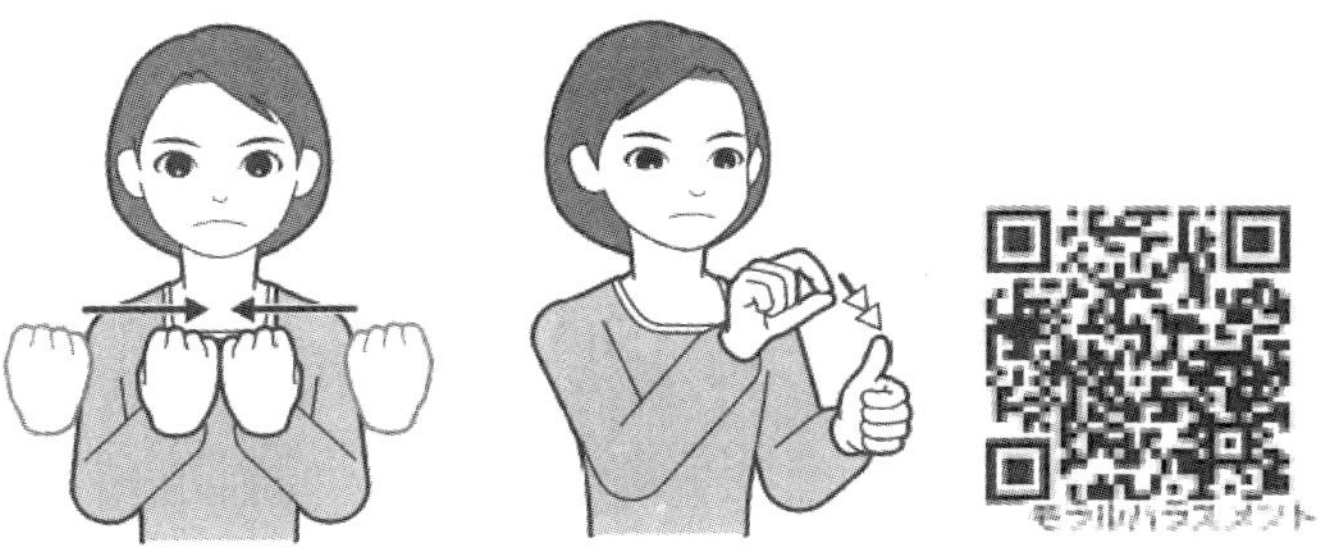

全日本ろうあ連盟発行
『わたしたちの手話　新しい手話2017』16頁

ことを目的としています。ろう者が自らの生活と深く関わる憲法に関する理解を深めること、そして手話通訳者もより良い表現を工夫することで、聴覚障害者の社会参加が進むことを期待しています。

あなたも、ぜひ日本国憲法を「手話」で読んで下さい。

ろう教育研究部

武居　渡

ろう学校が直面している問題は多くありますが、その一つが教員異動の問題です。

ろう学校に異動し、ろう学校で経験を積んで専門性を身につけても、その専門性を生かしきれない他の特別支援学校へと異動していきます。そのため、ろう学校では常にろう学校新任教員のための手話研修の場を設定しなければなりません。手話は英語や日本語と同様の言語なので、一朝一夕で身につけられるものではありませんが、異動してすぐに授業をしなければならないという現実があり、ろう学校教員にとって一定の手話力を身につけることが必須です。しかし、多忙化しているろう学校の教員が限られた時間の中で手話をどのように学んでいくのかについては、各ろう学校で試行錯誤が続いています。

もちろん、地域で行われている手話通訳養成講座やカルチャーセンターなどで開講されている手話講座に行くことができればいいのですが、多忙のためその時間もなく、また聞こえない子どもたちを前に授業をすることについては待ったなしの状況です。

そのため、ろう教育研究部では、学校場面で使える手話文を取り上げ、それを収録したＤＶＤを作成することを考えています。例えば海外旅行に行くとき、海外旅行でよく使われる英語の例文を一〇〇ほど覚えたら、それを応用し、単語などを入れ替えることで、ある程度の会話ができるのではないでしょうか。同じような発想で、学校場面で使われる手話文を一〇〇ほど覚えれば、単語を入れかえたり、応用したりすることで、聞こえない子どもたちとコミュニケーションができるようになるのではないかと考えました。

ＤＶＤが完成しましたら、全国のろう学校に送付し、手話研修の教材として使ってもらいたいと思っています。ただ、ろう学校の教員の異動の問題が根本にはあるので、ろう学校の専門性を今後どのように維持していくのかについても今後考えていく必要があります。

外国手話研究部

部長　中山慎一郎

1．ネパール・ラオス手話単語および固有名詞に関する研究

昨年度のミャンマー手話に続く第二弾としてネパール・ラオス手話を選びました。二〇一七年度中の紹介サイトへのアップロードを目標に、手話の分析・整理、表現の説明、サインライト※の追記などを研究員で分担して進めていきます。

2．ダスキン研修生へのインタビュー

ダスキン・アジア太平洋障害者リーダー育成事業で来日された、フィリピン・ラプラプ市在住の聴覚障害者クリストファー・アモンポン氏に対するインタビューおよび手話の収録を実施しました。インタビュー内容については、二〇一七年度中の日本手話研究所のホームページでのアップロードを目指して編集中です。なお、二〇一五年以前のインタビューについては、日本手話研究所のホームページ（http://www.newsigns.jp/fsl）に載っておりますので、読者の皆さま、是非ご覧ください。

3．文科省科学研究費助成事業

外国手話研究部の研究をさらに充実したものとするため、前部長であった、加藤研究員を代表にした科学研究費助成事業の研究企画が二〇一六年三月に採択されました。

二〇一六年度は、中国（北京・上海）、台湾、韓国、マカオへ赴いて手話単語などの収集をしました。そして、形態論的分析などの整理をし、四年後の外国手話事典の編集につなげていきたいと考えております。

4．手話研究セミナーにおける発表

二〇一七年二月二六日、神奈川県横浜市にて開催された手話研究セミナーにおいて、相良研究員がアジア各国の手話数詞について発表しました。

5．上記事業の推進のための会議

上記1．～4．の事業推進のため、手話研修センター、豊橋科学技術大学、江戸川区タワーホール船堀などに集まって研究、討議、打ち合わせなどをしております。

以上、外国手話研究部の活動報告をさせて頂きました。これからも外国手話研究部への応援をよろしくお願いします。

※　サインライト：アメリカのヴァレリー・サットン氏が一九七四年に考案した手話表記法。サットン手話表記法とも言う。今は、文字コードの業界規格であるユニコードにおいても1D800から1DAAFまで登録されるなど、世界規格となりつつある。

編集後記

今号では「手話の歴史」を特集しました。ようやく、日本でも手話の言語性が注目され、脚光を浴びるようになりました。その背景にはろう教育における手話の無視や冷遇など、常に手話と表裏一体で、ろう者の人権が無視された悲痛な歴史的経験がありました。

それにも関わらず、意外にわが国における「手話の歴史」は文献上未だ不十分にしか探求されず、整理されていないことに気がつきました。

この号では、さしあたって「手話の歴史」を、日本に限定してスタートしたいと思いました。

当然、歴史の編纂・執筆は当事者であるろう者自身が担当すべきと思います。しかし、手話に関する歴史的資料は散逸し、かつ乏しいことが予想されますから、資料収集などチーム作業に加えて、かなりの時間も必要でないかと思います。その点、手話通訳者、ろう学校関係者など手話に関わりのある方々のご協力を得て、集団的な資料収集・調査研究を期待したいところです。この「手話の歴史」特集を一過性のものとせず、号を重ねて検討することで全都道府県にまたがる『日本手話の歴史』として、いつかはまとめることができれば幸いです。

「手話は言語」との認識は全日本ろうあ連盟の運動などもあって社会的に広がりつつあり、それは国に「手話言語法」の制定を求める全自治体議会の一致した意見書、自治体の実施する「手話言語条例」などに結実しつつあります。このような到達点を含めて「手話言語条例」の経過的、暫定的な比較論を掲載しました。

また、手話が視覚言語である点に注目し、同じようにコミュニケーション困難に悩む知的障害者にもアレンジできる方向を模索し、今後の協力関係を探ることを目標として、ピクトグラムなどについて「知的障害者のコミュニケーションと言語」を掲載しました。これは手話を異なる障害者分野にもアレンジできるよう、今後の協力関係の構築を展望しています。なお、この稿の主なテーマとなるピクトグラムは、表意文字の代表たる、エジプトのヒエログリフの後継として今後の発展を期待しているところです。

（髙田英一）

手話・言語・コミュニケーション No.5
（改題前より通算No.64）

2018年1月10日発行

編集者　日本手話研究所
（髙田英一・大杉豊・黒﨑信幸・小山秀樹・本名信行）

発行者　社会福祉法人　全国手話研修センター
〒616-8372　京都市右京区嵯峨天龍寺広道町3－4
TEL（075）873-2646　FAX（075）873-2647

発行所　図書出版　文理閣
〒600-8146　京都市下京区七条河原町西南角
TEL（075）351-7553　FAX（075）351-7560
http://www.bunrikaku.com

ISBN 978-4-89259-819-7

手話・言語・コミュニケーション

手話・言語・コミュニケーション

【No.4】